管理精要

Management Essentials

高效能人士的七个习惯

25年企业培训精华录

[美] 史蒂芬·柯维

富兰克林柯维 (FranklinCovey) 培训团队

中国青年出版社

图书在版编目(CIP)数据

高效能人士的七个习惯25年企业培训精华录：管理精要 /
（美）柯维，富兰克林柯维（FranklinCovey）培训团队著；胡少英译.
—北京：中国青年出版社，2014.3
书名原文：Mangement essentials
ISBN 978-7-5153-0606-3

Ⅰ.①高… Ⅱ.①柯… ②美… ③胡… Ⅲ.①企业管理－通俗读物 Ⅳ.①F270-49

中国版本图书馆CIP数据核字（2014）第030467号

高效能人士的七个习惯 25 年企业培训精华录：管理精要

作　　者：［美］史蒂芬·柯维　富兰克林柯维（FranklinCovey）培训团队
译　　者：胡少英
责任编辑：李玲香
美术编辑：李　甦
出　　版：中国青年出版社
发　　行：北京中青文文化传媒有限公司
电　　话：010-65511272 / 65516873
公司网址：www.cyb.com.cn
购书网址：zqwts.tmall.com
印　　刷：大厂回族自治县益利印刷有限公司
版　　次：2014 年 4 月第 1 版
印　　次：2024 年 5 月第 6 次印刷
开　　本：880mm × 1230mm　1/32
字　　数：45 千字
印　　张：5.5
京权图字：01-2014-0394
书　　号：ISBN 978-7-5153-0606-3
定　　价：39.00 元

关于本书

本书作者**史蒂芬·柯维**博士，美国学界的“思想巨匠”，入选“影响美国历史进程的25位人物”，被《时代周刊》评为“人类潜能的导师”，得到美国总统奥巴马的特别接见，是前总统克林顿倚重的顾问，《经济学人》杂志推举其为“最具前瞻性的管理思想家”。

他的思想成就与戴尔·卡耐基、彼得·德鲁克、杰克·韦尔奇并肩比齐。他是世界备受推崇的领导力权威、家庭问题专家、企业组织顾问。AT&T、通用电子、全禄、可口可乐等公司的高管都是他的学生，李开复等中国顶尖的企业家和管理者也深受其思想的启发。他所创始并领导的**富兰克林柯维公司**为世界500强中四分之三的企业提供咨询和顾问。

柯维的著作被翻译成38种语言，在一百多个国家和地区发行。《高效能人士的七个习惯》一书，更被誉为二十世纪最有影响力的商业书籍之一。

《管理精要》、**《执行精要》**和**《领导力精要》**是史蒂芬·柯维博士毕生思想之精华，是富兰克林柯维公司经典培训产品的文字资料，是畅销全球30年的《高效能人士的七个习惯》品牌的培训配套产品。

在**《管理精要》**中，您将发现高效管理的要点：高效管理者的7个基本习惯——每个高效经理人一直在做的事情。在这本书中，您将找到25个最棘手的管理挑战的解决办法。您将发现一些每个高效经理人应该知道的经典读物和箴言。您甚至可以找到一套每个高效经理人会使用的基本工具。带着这本书，养成这七个习惯并记住这些箴言，每天用您从书中找到的智慧工作，您将无往而不胜。

这本小册子的内容简单易懂，方便随身携带，还特殊设计有笔记区，您可以提笔记下那些转瞬即逝的灵感。希望它成为您商海征途中的得力助手。

Contents
目录

第二章 037

面对管理挑战的解决之道

第三章 067

高效经理人必读文章精选

第四章 113

高效经理人的精华语录

第五章 131

高效经理人的必备工具

Foreword
前言

本小册子旨在为你提供高效管理的要点。

毫无疑问，一个管理者的角色更具有挑战性，而且比以往任何时候都复杂。结果，太多经理人从未有效地开展工作。他们不堪责任的重负，并对要领视而不见。

这本书使你有机会退后一步，看到一幅从山顶上看到的全景图。在本书中你将发现高效经理人的7个基本习惯——每个高效经理人一直在做的事情。在这本书中，你将找到25个最棘手的管理挑战的解决办法。在这里，你将发现一些每个高效经理人应该知道的经典读物和箴言——从最伟大的管理思想家那收集来的智慧。在这里，你可以找到一套每个高效经理人都会用到的基本工具。带着这本书，养成这七个习惯并记住这些箴言。每天用你从书中找到的智慧工作，你将做出你能做到的最伟大成就。

史蒂芬 · R. 柯维

Chapter 1

Essentials of the 7 Habits for Managers

第一章

高效经理人必备的七个习惯

DATE

每个高效经理人工作的方法都不同，有的人将天然优势资本化，有的人寻找应对如洪水般涌来的工作职责的办法，还有的人脱颖而出，他们做的不仅仅是“应对”——他们把成功当作一个习惯。是什么使一些高效经理人养成习惯性的高效？接下来几页将告诉你高效经理人的七个习惯。

习惯1：积极主动。他们利用“R&I”——他们的资源和主动性。

习惯2：以终为始。他们作出只有他们能做到的独特贡献。

习惯3：要事第一。他们只集中时间和精力在真正重要的优先事情上。

习惯4：双赢思维。他们制定双赢绩效协议激励和赋权给团队。

习惯5：知彼解己。他们认真倾听并且给出真实准确的反馈。

习惯6：统合综效。他们始终如一地寻求新的和更好的办法做事。

习惯7：不断更新。他们挖掘人的潜能，释放每个团队的潜力。

以下是七个习惯的成熟模式图，带领你在高效管理上更上一个台阶。你必须先管理自己，然后才能成功地领导别人。最后你就可以充分发挥团队成员的潜力，使他们做出最高和最佳贡献。

DATE

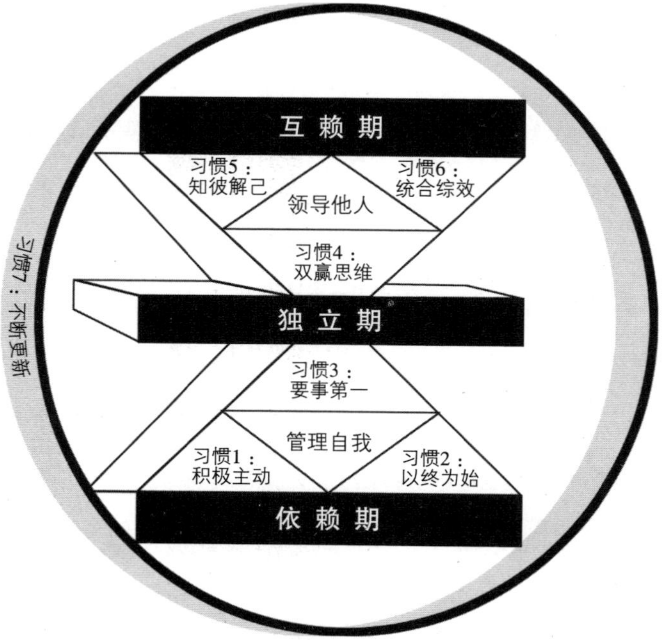

习惯1：积极主动

做一个积极主动的经理人，需要做这三件事情：

DATE

DATE

1. 多看备选方案，而不是路障

平庸的经理人只看到路障，有效的管理者使用他们的“R&I”（资源和主动性）取得突破。

2. 专注于你可以影响的事情

高效经理人集中精力于真正可以作出贡献的事情上（“影响力范围”），停止担心那些他们什么也改变不了的事情（“担心范围”）。

3. 扩大，而不是限制你的资源

使用隐藏资源搜索器工具，进行头脑风暴找出如何突破障碍。

案例：关于“R&I”的一个杰出例子——克兰·玛兹穆德–肖（Kiran Mazumdar–Shaw）

1975年，克兰带着一个生物技术学位和200美元，从澳大利亚回到她的家乡印度。她无法找到一份工作，因为她是男性世界里的一个女人，她开始了自己的生意——印度百康（目前印度最

DATE

大的一家药企——编者注)。

之后，她遇到更多的障碍。没有人愿意租房子给她。她用最后200美元买了一个小车库办公。当地没有一个人会为一个女人工作，所以当她做化学实验时，一个女性朋友帮她处理文书工作。

她向银行和投资者问了一圈，但没有好运气，没有人会借钱给一个没有资源的女人。她在朋友的婚礼上发现了一个银行家，在庆祝婚宴上，她与他在角落里交谈，并说服他借给她一万美元。生意开始有所进展，她建立了第一家工厂。

最后，当她买机械时，她不巧碰到工会抗议的队伍，在1985年的几个月里，她不得不穿过愤怒的人群，到达自己的工厂。

如今，克兰·玛兹穆德-肖是印度最成功的商业女性之一，在百康，她为千万人提供工作，并建立了一个盈利数十亿元的企业，为糖尿病和其他疾病患者提供必要的治疗。她的例子是一个成功运用“R & I”的经理人的典范。

习惯2：以终为始

做一个有决心的经理人，需要做到这两件事情：

1. 明确你的独特贡献

平庸的经理人日复一日地工作，心中没有特定的目标，除了“把工作做完”。但是，什么是工作呢？高效经理人对其要完成的工作心里是一清二楚的，也就是说，他们很清楚他们要作何种贡献，他们要作出的贡献，是其他人做不到的。

写下你的贡献表。将它与你的老板和团队分享，并得到他们的意见。让他们知道你要达到什么样的成就，然后为之努力。

2. 定义实际成果——每处，每时

让你的贡献表成为一切的动力——你做每一个项目，每

DATE

一个举措，每一次会议，每一次演示。

利用第134—137页的“五分钟项目计划”以确保你掌控所做一切事的实际成果。

案例：从最差到最好——迈克尔·阿伯拉肖夫指挥官（Commander Michael Abrashoff）

1997 年，时任美国海军军官的迈克尔·阿伯拉肖夫被委任为指挥本福尔德号驱逐舰——太平洋舰队中战绩最差的船。他对此任命显得忧心忡忡。当阿伯拉肖夫出席“指挥交接”仪式时，退任船长走下跳板，转向他的船员们致敬，船员们大声嘲笑，并向他发出嘘声。受辱船长的脸一直红到了脖子根。

新任指挥官阿伯拉肖夫被这一幕惊呆了！随即，他在脑海中形成一个场景——当有一天他卸任了，他跳下跳板，大家会欢呼，因为这本来是一个美好的经历，大家一起共事，不会有任何起哄。从那一刻起，这就成了占据他脑海的一个图景。

DATE

他还不知道怎么样实现它，但他已经有了这样一个愿景。

而这正是他留下的遗产，在两年左右的时间内，指挥官阿伯拉肖夫的舰队变得不再是最糟糕的舰队，而是最好的。百分之百的船员都签字再次服役，相比之下占了整个船队的一半左右。当他服役期满时，他们大声欢呼。

指挥官阿伯拉肖夫“以终为始”，使事情变得不同。

习惯3：要事第一

一个要事第一的高效经理人，需要做这三件事情：

1. 集中于重要事情，而不是紧急事情

高效经理人在时间矩阵的第二象限里工作——计划、准备和预防象限。如此，他们才能花最少的时间在第一象限——紧急事项，以及第三象限和第四象限——不重要的事项上。

DATE

DATE

	紧 急	不紧急
重要	Ⅰ	Ⅱ
不重要	Ⅲ	Ⅳ

2. 设定几个最重要目标

高效经理人选择把重点放在两三个能产生最大影响的目标上。这些是“最重要目标”，是必须要达到、能够对事情的发展走向起决定性作用的任务。

3. 每周计划，每日行动

使用“工作指南”工具，执行“最重要目标”，以保持自己专注于目标并且在正轨上。（请参阅第146—149页）。

案例：一个“第二象限”管理者——迈克尔·戴尔（Michael Dell）

戴尔电脑公司董事长迈克尔·戴尔从管理时间矩阵的“第二象限”——准备、筹划及预防的象限开始他的管理之路。戴尔公司诞生于他的大学宿舍，而现在是一家500亿美元的全球性企业。无论以任何标准来衡量，他都是一个非常高效的管理者。通过紧紧围绕如何快速地为客户提供服务，他取得了不可思议的成就。对戴尔来说，速度比什么都重要，它真是戴尔电脑公司每个人放在首位的“要事第一”。

2002年，美国西海岸港口面临一次损失惨重的大罢工。美国的高科技制造商依靠来自亚洲的进口零部件，而现在这些零部件闲置在集装箱船待卸，因此大部分的美国技术企业被迫关闭并损失了数十亿美元。

但是，戴尔却不这样。他们早在几个月前就预测到这

DATE

次罢工，他们租了一个舰队的大型喷气式客机，保证供应物资流。戴尔员工在亚洲机场亲自监督飞机装载，确保最快地周转。而在船运方面，他们要求戴尔的货物最后被装载，这样在罢工结束时，戴尔的东西就能首先被卸载下来。结果，戴尔公司在这次危机中仍然保持正常的运转，没有错过任何一单。

习惯4：双赢思维

做一个双赢的经理人，需要做这三件事情：

1. 平衡勇气和慎思

一个双赢的经理人既有勇气，又考虑周全，他能激发团队的最好表现。不考虑双赢的经理人，终将失败。

DATE

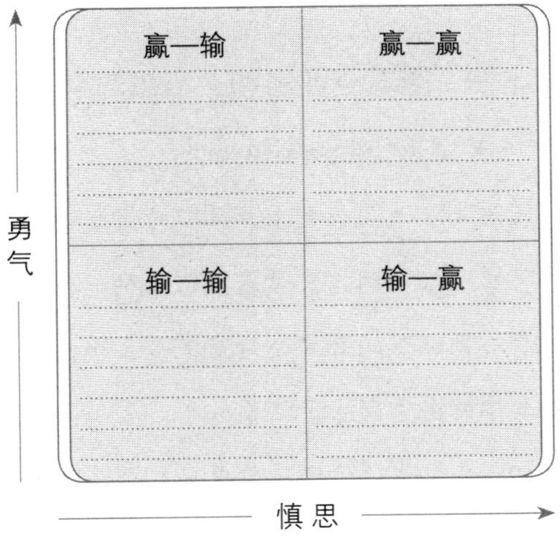

DATE

2. 制定双赢绩效协议

双赢绩效协议是激励你最佳表现的工具。在标准职位描述和表现评估中采用这个工具。（见第150—153页）

3. 通过投入情感银行账户建立信任

你与团队的每个成员之间都有一个情感银行账户。通过频繁、经常性的“存款”，如何认可好的表现，来建立这个账户。

DATE

案例：全球企业家和共赢思想家——卡洛斯·戈恩（Carlos Ghosn）

卡洛斯·戈恩是史上最成功的商业管理者之一。他出生在巴西，父母是黎巴嫩人，在法国接受教育。他旗下的著名公司遍及四大洲，是一个名副其实的全球商业管理者。

1999年，当他被邀请前往日本领导日产汽车公司时，他发现该公司正陷入真正的麻烦。该公司负债220亿美元，并且刚刚结束连续27年的市场份额跌势。

他的主要挑战之一是降低一度失控的汽车零件成本。这个问题对于日产的供应商是个威胁，更是一个大“损失”。因为价格战争可能会严重伤害到他们。但戈恩开始了他称为“333计划”，通过会见日产三大洲各前三名的供应商，他建议他们共同努力三年，找出供应商可以给日产降低20%成本的解决之道，同时扩大他们与日产的业务，提高他们的利润。

这个目标比时间表提前一年达成。

他在日产通过一系列的"双赢绩效协议"（如"333计划"），与雇员和供应商精心创建协议，使双方都在这场走向败局的战争中扭转乾坤，走向胜利。

习惯5：首先知彼……

练习同理心倾听

高效经理人用感情倾听。换句话说，他们试着去理解与他们共事的人——下属、老板、同行和客户的需求，关注他们的焦点和优先事项。

不要做	**论断** 同意或者不同意其他人说的： "我非常赞同!" "你疯了吗？" **询问** 问问题试图获得一些信息： "你从哪里获得这个主意？" "所以你要辞职，是吗？" **建议** 推荐解决办法或者给出建议： "如果我在这种情况下，我会……" "你应该……"
要做	**反映内容** 把别人话的意思用你的话表达出来： "所以你的意思是说……" **反映感觉** 集中精力并且共鸣那个人的感觉…… "你对……感到很沮丧"

DATE

案例："英国最好的老板"——一个善于倾听的人艾玛·布兰登（Emma Brandon）

当高级护士艾玛·布兰登在英国诺维奇赫尔司顿医院负责精神病患者的长期护理时，她管理着20名病人和16名工作人员——需要竭尽全力去克服很多痛苦疲乏。

许多患者既粗鲁又暴力，不停地对工作人员大喊大叫，患者之间也是如此。工作人员每周七天夜以继日地照顾病患，他们精疲力竭，把通过请病假作为唯一逃避压力的方式。病房里的气氛紧张得让人难以承受。

在不知该怎么办的情况下，艾玛决定只是倾听。她接见了每个工作人员并倾听他们的需要。

她发现，不灵活的工作时间表扰乱了员工的家庭生活，并且打压了他们的士气，所以她制定了一个时间表，以适应每个人。"我给了他们想要的东西，"艾玛说，"必须有一个公

DATE

平的制度，否则我们将失去好员工”。

更重要的是，因为她的团队成员觉得自己被倾听了，他们也开始倾听别人，变得对病人的需求更容易接受。患者不再叫喊，谩骂和暴力渐渐地消失了。员工病假天数减少了一半。艾玛说：“如果我们待人，像我们希望人怎样待我们一样，这种情况就会消失。”

艾玛·布兰登被评为“2003年度英国最佳老板”。

习惯5：……然后解己

给出诚实、准确的反馈

高效经理人习惯性地给予平衡考虑和勇气的反馈。他们遵循以下这些指导方针，给人以诚实、准确的反馈。

DATE

DATE

不要做	**贴标签** 指责的语言是情感银行账户中一个主要的“支出”，并且还会产生不信任： “你是属于那种神经紧张型的，对吧？” **作比较** 对比会让人觉得没有安全感： “你应该按照霍华德的方式做这项工作。”
要做	**考虑双赢** 如果你的动机不是要帮助其他人，则要重新考虑给予反馈。 **描述你的问题** 有效反馈的一个关键是描述你的情感和关注，而不是针对人： “在我看来……” “我很担心……” **给出具体的例子** 专注于事实，而非意见： “你周一、周二上班迟到。” “周一，莎莉替你干的活。” **用同理心倾听** 关注你的反馈响应： “我有兴趣听听你的看法。” “这听起来像你感觉……”

案例：老板的反馈改变了她的人生——安·福吉（Ann M. Fudge）

卡夫食品（Kraft Foods）的前总裁安·福吉是美国最成功的女企业家之一。当她刚开始进入商业世界时，她被聘为一家大型著名公司的项目经理。

但是存在一个问题，她被一些与她年龄相仿又同样雄心勃勃和坚定的新同事包围。他们不断谈论并且绘制在公司向上爬的蓝图，他们把每个项目作为一块“敲门砖”。这让她很紧张，以至于她的工作开始受挫，所以她向她的老板征求意见。老板说：“安，你只要专注于手头的工作，尽可能把工作做到最好。如有必要，多努力一些。你的职业生涯会自己走好。”按她自己的说法，这个反馈给了她成功的钥匙，并改变了她的人生。关键在于：一个正确的反馈是你给团队成员的一份最珍贵礼物。它可以改变人生。

习惯6：统合综效

有效解决问题，需要习惯性地做这两件事：

1. 寻求差异，不要只接受它们

高效经理人刻意寻求与自己不同的声音，因为他们知道，

DATE

DATE

好的创意来自大胆的对话和辩论，而不是来自“集体思考”。

2. 统合综效获得新的、更好的选择

高效团队总是在寻找新的、更好的方式以实现自己的目标。首先，他们定义成功的标准。其次，他们创建蓝本——快速假设型解决方案。他们还坚持假设相反型，就是截然不同的建议，使事情产生颠覆。理想的话，他们到达了“第三种选择”——一种充分结合了每个人需求的最佳解决方案。（见第158—161页。）

案例：第三种选择帮助雅芳华丽转身——钟彬娴（Andrea Jung）

雅芳是世界上最大的化妆品公司之一，几年前，它的销售额在不断下降，许多客户认为这个品牌已经过时。

但是，当钟彬娴在1999年接任雅芳CEO时，她给该公司“改头换面”，使销售额一下子从53亿美元猛增至80多亿美元。

在这个过程中，钟彬娴用统合综效的办法解决了一个貌似不可能解决的问题。

由于其直销的方式，雅芳无法接触到更大的市场——只在零售商店买东西的人们。但是，雅芳的直销人员，其中大部分是走出家门工作的妇女，不想与零售商店的雅芳货架竞争。怎么办?

尝试通过直接销售增长，并且忘掉零售，抑或放弃忠实的直销员而进入卖场?

他们碰到了“第三种选择”的解决方案，比以往任何人想到过的更好。为什么不赞助大型零售商场自助服务终端的直销员?

这种“第三种选择”是大家的胜利。雅芳现在接触到了一个全新的客户群——92%从来不买雅芳产品的人。同时它也是雅芳代表们的成功，雅芳现在拥有约150个自助服务终端亭。其他雅芳代表们也喜欢这种终端服务模式，因为它们可以使

DATE

DATE

她们的客户直接尝试新产品。成功的统合综效使雅芳在化妆品行业中重新崭露头角。

习惯7：不断更新

为了释放你雇员的潜力，你需要做以下事情：

把团队成员当作“完人”

高效经理人习惯把团队成员当作“完人”。

他们确保：

- 每个团队成员都用心去释放他们的激情和动力。
- 每个团队成员都受到发挥自己智力和技能的挑战。
- 每个人得到身体照顾——每个人是否有一个良好的工作环境？公平补偿？
- 每个团队成员都全神贯注于有意义的工作。

要充分发挥你团队的潜力，使用不断更新工具。（见第162—163页）。

案例：西南航空公司投资“完人”

西南航空公司自其在1973年成立以来——一段航空业史上最艰难的时期，一直保持持续盈利，部分是因为西南航空真正致力于投资它的员工。

每年有10万名求职者申请加入西南航空公司，该公司同时也是航空业中人员流动率最低的公司。

为什么呢？因为西南航空公司相信投资人才——投资“完人”：

• 每年32,000名员工中的每个人都会得到一张来自CEO的生日祝福卡。

• 1996年，为了庆祝连续23年盈利的表现，所有员工的名字都被刻在飞机上。

• 每年CEO亲自回复数百名员工的来信，并给出建议来改善员工的工作。

DATE

DATE

• 百分之十五的收入用来利润分享。

• 成千上万的员工的照片挂在西南航空公司总部的墙上,“我们非常重视这些照片，超过盆栽植物或中国艺术”。

“如果我们不做这些事情，我们就能省钱。”总裁赫伯克勒赫说,“我可以一个下午坐在我的办公室，大幅削减这些东西来减少西南航空公司的预算。但是，那就像削减你的心”。

Chapter 2

Essential Solutions to Key Management Challenges

第二章

面对管理挑战的解决之道

DATE

如果你和其他经理人一样，你很可能使用某些方法以解决管理团队中的一些常见挑战。这里有一些摘自《高效经理人的七个习惯》的实用技巧，以回答25个常见问题。

1. 如何作出有效的决策？

统合综效（习惯6）是作出有效决策的关键。当人们一起得出一个优于他们当中任何一个人提出的解决方案，这就是统合综效。使用第三种选择方案搜索工具（见第158页）来做下面的事情：

- 定义成功的标准。对你和我，什么算“成功”？我们将如何认识成功？

• 创建一个原型——一个具体建议——越早越好，越多的利益相关者参与越好。邀请人们各抒已见，甚至提出相反意见——独特的或非常规建议。坚持吧！

• 通过这些反馈意见，从不同的角度测试原型。然后创建另一个支撑这些观点的原型，或结合每个原型的最佳元素。持续这个过程，直到你到达一个真正的“第三种选择。”

麻烦的是，不是我们犯的错误太多了，而是我们犯的太少了。

——菲利普·奈特

2. 如何提供有效反馈?

经理人对绩效评价作出反馈并且辅导或指导员工。充分利用你的反馈促进工具（见第154页）。给予有效的反馈：

1）双赢思维。你是否真的想帮助这个人改善？

DATE

DATE

2）详细说明你的关注点，真实反映你所观察的事实。描述你的所闻所见是有效反馈的一个关键。

3）给出具体的例子。不管正面的反馈还是负面的反馈，都要用事实支撑起来。

4）要做好学习的准备。用同理心倾听对你反馈的回应，并且如果合适的话，准备使用统合综效（习惯6）。

5）及时、经常反馈意见。延迟反馈等于没有反馈。一年一次绩效考核不是反馈。

> 你可以给另一个人最伟大的礼物之一是：在一个他们从来不知道自己有的盲点上给予建设性的反馈意见。小心一定要给他们诚实、准确的反馈。
>
> ——史蒂芬·柯维

3. 如何有效应对重大冲突?

你可能与雇员、客户、老板或同行有重大冲突。利用移情聆听（习惯5）和统合综效（习惯6）

来解决主要矛盾。

1）倾听对方并作出回应，包括对方的感觉和陈述的内容。

2）确保这个人感到被理解。用同理心倾听直到他或她感到被理解。

3）一旦这个人感到满意，你已经理解他或她的处境，那么就勇敢地传递清楚你自己的意思。别等到你觉得别人已经完全理解你了才提出一个方案。通常在这个时候，他或她已经准备好要接受一个解决方案了。

4）继续统合综效（习惯6）。

倾听会让我们更强大。我学到关于我自己的东西之一是，我往往在解决问题时缺乏耐心，不倾听别人的意见，我尝试马上找到解决办法。我不得不学习其他人可以给我宝贵的意见，倾听使我成为一个更好的领导者。

——钟彬娴

DATE

DATE

4. 如何与我的团队建立起信任?

在“情感银行账户”存款，和与你一起工作的人建立信任。

- 明确你对他们的期望，这样可以避免产生误解。
- 认可好的表现，使之成为一个习惯。
- 给予和接受诚实、准确的反馈。
- 信守你的承诺，当无法做到时要给出解释。
- 忠于缺席者，不要在别人背后谈论别人。
- 当你要撤出的时候，真诚道歉。
- 用同理心知彼解己（习惯5）。

> 组织不再建立在权力上。它们越来越多地建立在信任之上。而信任的前提是，人们互相理解。
>
> ——彼得·德鲁克

5. 如何制定一个双赢的绩效协议?

当聘请人员、委派任务、启动项目、进行绩

效评价，或努力和老板或同僚达成理解时。双赢绩效协议（见第150页）都是非常有用的：

1）定义你的目标或者预期结果。你们心中共同的目标是什么？现在的结果是什么？现在离目标还有多远？

2）确定你的指导方针。相关政策和程序是什么？什么是最重要的——时间、成本或者质量？最后期限是何时？

3）指派资源：人力、预算、材料、技术。

4）确定责任。你会使用什么样的反馈/评估机制？经常吗？

5）确定各方的胜利。对于你、团队或组织，或者你与之签署协议的那个人，有什么奖励？没有持续下去的后果是什么？

事实上，“携手合作”的概念是很难定义的。

如果有人告诉你要和你一起工作，这是否意味着你们

DATE

DATE

真正地一起工作？如果没有共同受益，你们真的是一起工作吗？

——安迪·洛

6. 如何在资源有限的情况下获得成功？

经理经常被要求“少花钱多办事。”当你被要求利用有限的资源（人、预算、设备等）达到效果时，要积极拓展你的思维（习惯1）。隐藏资源搜索工具（见第130页）可以给你提供帮助。问自己这样的问题：

- 我是否不得不想出一个答案？是否有可以商量的人？
- 我认识的人当中有谁可以提供帮助吗？
- 是否有人之前已经成功过？他们是如何做到的呢？
- 如果我没有预算，谁有呢？我们怎样互相帮助？
- 我需要的设备在哪里？我是否可以和别人一同分享这个设备？
- 谁有不同观点呢？

没有不能做到的事情，只有不愿意去做的。如果你够格，只需要一个强烈的愿望来做出改变。

——吉安·阿什福德

7. 如何高效管理时间？

对于每一位经理人来说，时间管理是一个挑战，经理需要组织会议，会见客户，处理紧急情况，这些都会占据经理很多时间。习惯3中的一些技巧可以帮助繁忙的经理更有效地管理自己的时间：

- 撰写你的贡献表。
- 认真地选择几个“最重要目标”—— 那几个必须实现的目标，否则你的使命宣言书将成为一纸空文。
- 去掉不重要的目标。对与“最重要目标”无关的活动说不。
- 使用工作指南工具（见第146页）制订你的工作周计划。

DATE

DATE

安排任务之间的优先次序，坚持执行你的日程安排。

• 每天花几分钟时间，重新审视任务的优先次序。他们是否会真正帮助你实现“最重要目标”？

• 使用一个有效的规划系统。你的系统应该包含你所有的任务、约会、备忘和通讯录，你应该随身携带它。

> 知道如何雇用自己的人总能找到空闲时间，而那些什么都不做的人总是匆匆忙忙。
>
> ——珍妮玛丽·罗兰

8. 如何分配责任？

有效管理者实践“领导授权”（习惯1）而不是“打杂代表团”（请参阅下面语录）。训练指导团队应做到：

• 注重结果，而不是方法。使你的期望清楚明白，但让团队成员选择如何达到结果的方法。当然，新的团队成员在方法上可能需要指引。

• 问大家："这些都是我们想要的结果——你认为我们应该如何达到？"

• 给团队成员委派有助于培养他们能力的任务。

• 对于主要任务，让团队成员给你写一封信，概述他们对任务的理解和预期的结果。

• 跟进。共同决定你们将如何使团队成员负责。

授权意味着让别人成为专家，进而成为最好的。

——蒂莫西·菲恩施塔尔

9. 如何有效处理棘手的谈话？

移情倾听（习惯5）是处理棘手谈话的关键，因为你给人们一个机会表达他们的感情，并让所有的问题在比较宽松的环境中解决。

• 倾听他人，不要去打断。如果你觉得需要做出反应，只

DATE

DATE

是简单地回应对方的感觉和说话的内容。这将会给他或她“心理空气”—— 感到被倾听和理解的自由。

• 你也无需担心需要做出什么样的反应。在这一点上，你真正要做的努力只需了解其他人的观点。你不需要同意、不同意，或者评价。

• 重复他或她的观点。这样做不用对他的观点做出判断或评判；只是重复它，这将证明你理解他。

• 摆明你的立场，让你的观点得到理解。除非你感觉其他人都已经理解你，否则不要提出一个解决方案，通常在这个时候，他或她将准备好接受一个解决方案。

与另外一个人心灵相连的最基本、最有力的方式是倾听，只需要倾听。也许，我们能给彼此最重要的礼物是关注……充满爱意的沉默往往比最善意的言语更有力量，它可以治愈并连接心灵。

——雷切尔·纳奥米·瑞曼

10. 如何组织一个高效的会议？

每个经理人都有会议需要出席和召开——有时是全天忙于会议。要想使你所召开的会议得到最好的结果，请使用习惯2中的 5 分钟会议计划工具（参见第138页）。

1）以终为始。确定这次会议的目标是什么？这次会议将会如何推动我们最重要的优先事项？

2）确定我们在会议中将做什么以实现这一目标——讨论，或者演示文稿，头脑风暴会议？

3）根据主题安排议程、负责人和为每个主题分配时间。

4）在会议结束时，问大家："我们是否达到了会议的目标？如果不是，我们要如何及何时这样做？"

5）以书面文字确定下来：谁同意做什么以及何时做？

DATE

DATE

当你不想做任何事情时，会议是不可或缺的。

——约翰 · 肯尼斯 · 加尔布雷斯

11. 如何作出一个高效的业绩评价?

管理人员常常需要对他们的团队成员给出绩效评价，并将这些评价作为制定双赢绩效协定的契机。

• 在绩效考核期开始前给雇员考核工具（或季度或年度）。

• 共同确定预期的结果、需要坚持的指导方针、如何使用资源，以及你将使用的问责机制。为你们定义双赢。

• 帮助雇员，避开不重要的事，问这些问题：进展如何？你在学什么？我能帮你做些什么？

• 当绩效考核时，集合员工，然后共同评价。同时也讨论你自己的绩效——你是否提供了适当的资源和支持？

要接受这样的事实，就是你必须把每位员工都当作一名志愿者。

——彼得·德鲁克

12. 如何让团队集中于目标？

管理可能会很复杂。有时就很难确保每个人都分配到任务，并且朝共同的目标努力。以下是如何帮助你的团队保持专注（习惯3）：

• 共同确定团队的“最重要目标”——几个你必须实现的目标，否则你做的其他事情都没有什么意义。

• 一起设置实现这些目标的措施，并将其发布在记分牌上。保持定期更新，这样大家可以看到进度。

• 帮助团队成员确定他们个人能为团队目标作出何种贡献。

• 每周至少与团队成员见面一次，回顾记分牌上的进步。共同决定这周该做什么以推进目标。

DATE

DATE

• 主动为团队中任何需要帮助的成员“扫清道路”或拆除障碍。

有目标的管理者与其他普通管理者最重要的区别，也许是拒绝让他人或组织的限制来设置进程。

——海克·布鲁赫，
苏曼德拉·戈沙尔

13. 如何高效激励团队？

高效经理人能够激发员工的积极性。通过确保他们在工作中投入“完人”——身体、心灵、头脑和精神，确保你知道关于每个团队成员以下这些问题的答案：

• 身体：你健康吗？你身体强健吗？你是否获得公平的补偿？

• 心灵：你喜欢做什么？与工作有关的哪些机会能激发你的热情？

• 头脑：你真正擅长的是什么？你在这里可以看到有哪些个人成长的机会？

• 精神：在这里你想做出什么贡献？

制定一个需要考虑这四个维度的双赢绩效协议（见第115页）。

激励你的团队做出卓越表现的关键是双赢思维。这意味着每个人都一直共赢——经理人和雇员、团队和小组成员。

——史蒂芬·柯维

14. 如何成功应对上司？

管理者自己也被管理着。高效经理人知道如何同时满足老板的需求和自己的需要。

• 积极帮助老板。明确你们在一起的角色。制定一个双赢的绩效协议（见第150页），并把它写下来。

• 学会向老板说不（习惯3）说：“我有两个优先重要事项。

DATE

DATE

哪一个对您来说更重要？”

- 当你遇到麻烦时寻求帮助：“您可以比我更快、更好地解决这个问题。”

- 老板与你意见不同时，统合综效（习惯6）。如果你对这个问题感觉强烈，要勇敢表达，使你的意见得到充分的理解。

15. 如何用同理心倾听？

用同理心倾听（习惯5）需要你真正了解雇员、同事、老板、客户或供应商关心的是什么：

- 不要表示同意、不同意、判断、揣测或建议。这些回应晚一点做出。

- 回应内容：把这个人的意思用你自己的话复述出来。

- 回应感觉。集中注意力并且对其他人的感觉产生共鸣。

- 用同理心倾听要做出这样的回应：

——这听起来像你觉得________。

——那么，你是说________。

——我真的试图了解，你是说________？

当我们倾听别人时，我们面临一个重要的选择：我们可以选择捍卫我们的观点和排斥别人。或者，我们可以学习重新审视自己的观点和坚持。停下来，用新的眼光看东西。

——威廉·艾萨克斯

16. 如何避免微观管理？

一个微观管理者事无巨细地监控每一个细节，监督每一个动作，而不是清楚地设置目标，让员工做好本职工作。微观管理者造成员工的依赖和不满。为了避免做一个微观管理者：

- 与每个团队成员签订一个双赢绩效协议（见第150页）。设定清楚的期望，确定你将如何并且何时给予反馈。
- 把你们的双赢协议坚持到底。在约定好的时间间隔内，给出诚实、准确的绩效反馈。

DATE

DATE

• 认识到团队成员有不同的独立工作能力。一些员工，特别是新人，需要更多别人的指导。刚开始的时候，他们影响范围小。你的目标是要帮助他们扩大影响力范围，使他们变得更加独立。

• 专注于结果，而不是方法。你监督团队成员的方法，你自己要负责结果，而不是让他们负责结果。

> 我对表现要求非常严格。我非常严格要求自己，我非常严格要求我身边的人。但我知道，能够严格要求，前提是你必须使他们充满力量。你不能严格要求一个软弱的人，这是不公平的。
>
> ——卡洛斯·戈恩

17. 如何平衡多重诉求和优先级别?

每个经理人都面临着来自团队、组织、客户、同级管理者的多重诉求。这些要求经常发生冲突。这里有一些选自习惯3的小建议：

• 从你可以做的所有好事中选择去做最好的事情，“最好”的敌人是“好”。

• 要非常清楚自己的“最重要目标”——这些目标必须达到，否则你所做的其他事情没有什么意义，并且要保持专注。

• 认真计划每周工作，把那些对实现你的“最重要目标”至关重要的任务放在首位。

• 对与你的“最重要目标”无关的要求说不。

目标不能听起来宏伟，但却模糊。目标不能是如此模糊又遥不可及。你的方向必须是如此生动鲜活，如果你在半夜唤醒你的一个员工，问他：“我们的目标是什么？”他仍然能在半睡半醒的状态下做出正确的回答。

——杰克·韦尔奇

DATE

DATE

18. 如何处理团队内的冲突?

有时候，你的团队成员在优先顺序、人员或资源方面可能会有冲突。练习习惯4 、5和6，从中得到一个双赢的解决方案。

- 让双方聚在一起，并要求他们用同理心倾听（习惯5）。一旦一方觉得他们被理解，他们可能会不计较情感的冲突并且致力于解决问题本身。
- 如果有必要，鼓励统合综效（习惯6）。请问双方，他们是否愿意去寻求一个比之前各方提出来的更好的解决方案。
- 制定一个双赢绩效协议（见第150页），这使各方成功并且保护他们的关系。

当你看到只有两个选择——你的选择和对方“错误”的选择，你可以寻找一个统合综效的第三种选择。几乎总是有第三种选择。

——史蒂芬·柯维

19. 如何让人们负起责任？

有效的管理者确保他们的期望非常清楚。让人们为他们并不清楚的目标负责是不公平的。如果你制定了一个双赢的绩效协议，你就已经确定了实现的目标和指导方针，同时还有反馈机制。

- 保持自己第一个负起责任。兑现你的承诺，按时按照之前一致通过的方式给出反馈。
- 通过定期举行会议，根据需要，尽量经常检查当前的结果，并解决出现的任何问题，使整个团队为目标负责。
- 如果表现并不如预期，用同理心倾听所负责的人员。你的任务是协助他们扫除障碍（习惯1）或提供指导。
- 确保你按照协议条款，奖励员工或执行一致通过的后果。

DATE

DATE

让每个人一直很负责。

——鲁道夫·朱利安尼

20. 如何适当奖励员工？

对许多员工而言，比金钱更重要的是他们的贡献价值获得认可。高效经理人经常定期认可良好的表现。

- 你如此了解你的团队成员，你都不用猜测如何奖励他们。对一个员工是奖励，对另一个员工可能就不是。所以你需要确定（习惯7——不断更新）什么样的奖励才会被某名员工珍惜。

- 奖励你想看到的行为：团队精神、统合综效合作、结果。

- 最好的奖励是制定清晰、明确的双赢绩效协议（请参阅第150页）。这样一来，你预先阻止了不公平的奖励分配。

- 强调内在奖励如认可、欣赏、提升，或分配一个令人垂涎的项目。经常往情感银行账户里存款。

改变行为的基础是把奖励和表现联系起来，并使联系透明。太多的公司像懦夫一样做不好奖励和表现的联系。

——拉姆·查兰

21. 如何设定团队目标？

使用建筑师的格言“形状服从功能”——目标决定团队。没有共同的目标，就没有团队。作为一个有效的管理者，你可以：

1）了解组织和老板的目标。了解目前的结果和目标结果以及目标完成的期限。

2）写下你的使命宣言（习惯2），清楚地定义你在现任职位上想留下的财富。

3）与你的团队分享你的组织目标和使命宣言，共同探索团队如何为一起实现这些目标作出贡献。

DATE

DATE

4）共同为团队创造一个双赢的绩效协议（见第150页），其中包括“最重要”的团队目标，这将给组织结果带来最大的影响。确保协议里包括措施——你当前的结果和目标结果是什么？

5）坚持为你们相互间的双赢绩效协议负责。

当你不再做出贡献，你开始死亡。

——埃莉诺·罗斯福

22. 如何重建一段破裂的关系？

给对方的情感银行账户进行投资。情感银行账户的金额是你们之间的信任关系。存款是修复信任的行动。提款是破坏信任。

- 存款。详细说明三件你觉得对方会认为是存款的事，并且去做，反复做。存款包括：认可好的表现，诚实反馈，赔礼道歉，或者只是坐下倾听那个人。

- 避免提款。确定三个你觉得对方会认为是提款的事情，并避免去做。

- 要有耐心。速战速决是不可能的。构建及修复一段关系，需要一定的时间，表现出急躁是一个巨大的提款。

让我们运用直觉，如果你一直很“和善”，这个词意味着周到，意味着体贴，意味着行动。

——安妮塔·罗迪克

23. 如何高效指点或引导他人？

一个高效经理人指导或训练员工，发挥他们的潜能，以实现关键目标。

- 问“四个层面”的问题（习惯7）

发现员工的长处、才能和激情。这将帮助你了解他们的个人兴趣。

- 制定一个双赢绩效协议来平衡优势。帮助人们看到成功。
- 及时地给出诚实、准确的反馈。使用你的反馈工具

DATE

DATE

（请参阅第154页）。谈论你所观察到的东西，对好或不好的表现，给出具体的例子，并用同理心倾听。

• 以身作则。你自身的高效行动将激发信任，这是作为一个成功的导师所必不可少的。

> 我从来不知道有谁能够不对一个真正伟大的老板保持闪亮的记忆。并且有很好的理由：杰出的领导可以是朋友、老师、教练、同盟和所有灵感的来源……有时，他们甚至可以改变你的生活。
>
> ——杰克·韦尔奇

24. 如何做一次高效的陈述?

无论你是隔着桌子说话或站在一个有影响力的观众面前，你会经常被要求做一个演讲。使用五分钟演讲规划器（见第142页）来做好准备。

1）了解你的听众。他们的需求是什么？他们的关注点是什么？问题是什么？他们需要从你这里获得什么？

2）确定你的目的。你最想让观众知道的是什么？你想要从他们那获得怎样的结果？把你的演讲变成呼吁采取行动，使你和你的听众能够达成双赢。

3）确定两个或三个关键支撑点和视觉效果。一个有说服力的图片，可以产生很大影响。

4）散发信心。如果你做好准备工作，致力于你的职责，你就不必害怕。

要真诚、要简洁、要坚定。

——富兰克林·D. 罗斯福

25. 如何催生一场变革？

一个平庸的经理人被称为一个“站着的木板”，他是现状的维护者。与此相反，一个高效的经理人寻求转型、成长、更广阔的愿景、更好的方式。

DATE

DATE

• 专注于你可以改变的，不要担心自己不能改变的（习惯1）。避免总是抱怨受环境限制的“受害者心态”。作为一个管理者，你的任务是超越这些限制。

• 不要接受那些出现在改革之路中的明显障碍——组织惰性，根深蒂固的官僚作风，所谓的“市场现实”，它们根本不是真的（习惯1）。使用你的隐藏资源搜索工具（见第130页），挖掘你所拥有的可能一开始不太明显的资源。

• 在要求作出改变时运用勇气和智慧。一场有效的变革不可能是“赢/输”的命题，否则就会变成“输/输”。

Chapter 3

Essential Readings for Managers

第三章

高效经理人必读文章精选

DATE

一名高效的经理人应该非常熟悉最好的管理思想。本章将重点推荐经理人“必读”文章摘录。

彼得·德鲁克：管理自我

彼得·德鲁克是克莱蒙特研究生院的管理学教授。

我应该作出哪些贡献？纵观历史，绝大多数人从来没有问过这个问题，我应该作出哪些贡献？他们被告知应该作出哪些贡献，而且他们的任务是为了达到本身的工作命令而必须做的——就好像是给农民或工匠的工作——由主人或女主人为家庭佣工安排的工作。

大多数人是下属，他们被告知应该做什么，直到最近，这还被视为理所当然。即使是在20世纪50年代和60年代，新的知识工人（所谓组织人）仍然指望他们公司的人事部门为其规划职业生涯。

之后，在20世纪60年代末，没有人再想被告知该做什么。年轻男女开始问，我想做什么？他们听到作出贡献的办法是“做你自己的事情”。但此解决方案与组织人一样是错误的。很少人相信，做自己的事是通向作贡献、自我实现、成功这三个目标中任何一个方法。

但是，这个关于你被告知或者被安排做什么事的旧问题还是没有答案，知识工人特别要学会一个以前没有被问过的问题：我的贡献应该是什么？要回答它，他们必须解决三个主要元素：这种情况要求什么？鉴于我的优势、我的表现方式和我的价值观，我如何根据需要作出最大贡献？最后，与众不同需要达到什么样的结果？

DATE

DATE

让我们来看一下一名新任命的医院管理者的经历。这是家享有盛名的大医院，它靠其名声存在30多年了。新管理者决定他的贡献应该是在两年内使其在一个重要领域变得卓越。他选择了专注于急诊室，因为其地方大，每个人都能看得见，而且节奏紧张。他决定，每一位进急诊室的病人必须在60秒内由一个合格的护士照顾。在12个月内，该医院的急诊室已经在美国成为所有医院的榜样，再过两年，整个医院都改变了。

如本例所示，一项计划通常不超过18个月，在此期间它仍是相当明确和具体的。所以在大多数的情况下，问题应该是：在接下来一年半的时间里在哪里以及如何取得成果？答案必须平衡几件事情：第一，结果应该很难被实现——但同时，应该是可以实现的。瞄准不能实现的结果——或者只有在最不可能情况下实现——这不是雄心勃勃，而是愚蠢。第二，结果应该是有意义的，它们应该产生影响力。第三，结果应该是可见的，如果有可能，可以衡量。从以上这些将引导一连串行动：做什么，在哪里和如何开始，以及该设立什么样的目标和最后期限。

（“管理自我”，选自《哈佛商业评论》精粹，2005 年1月）。

雷·埃弗纳姆：当失败不是一种选择

雷·埃弗纳姆是杰夫·戈登从1993～1999年的机工长，在这期间戈·登夺得三次全美运动汽车竞赛协会（National Association of Stock Car Auto Racing，NASCAR）冠军。

当七人必须换四个轮胎，还要加满油，并且在10秒左右的时间内将车驶回轨道上，团队精神就显得至关重要。这并不只是这几名后勤维修精干人才在“着急上墙”，背后是整个团队的人——几名力学工程师和其他专家——他们必须在极端的时间压力下共同努力，甚至不是以秒为单位来衡量，而是成天都是如此。从一个周末比赛到下一个，他们将拆除整车和几个发动机，修理和改正问题，使车应对特殊需要和未来的轨道，对车做相应的配置。

DATE

DATE

我是一个年轻的、默默无闻的技工，我搭配的是一个同样年轻的、不起眼的车手杰夫。但从一开始，我就意识到整个竞赛团队的表现对我们的成功至关重要。世界上最伟大的赛车和车手，都可能在加油处落后四个或五个位置。我们怎样做到一流的表现呢？

我们制定一些对这项运动来说比较正式的进程。我们会让每个人聚在一起看以往比赛的录像带，然后讨论需要改进的地方。我们详细记录比赛和机械数据。我们雇了一个后勤维修培训师，一个斯坦福大学前足球运动员，他是负责队员的体育锻炼和极速刹车。我们的许多竞争对手认为这些是在浪费时间。

我们的夺冠记录和后来竞争对手对我们采用这些办法的模仿，证明了它们的价值……

我们的团队采取了一种新方法。不再采用传统的赛车模式——着重于个人赛车手和赛车，我们采用了一个模式，我们认为这代表着未来的趋势。我们的口号是“一个团队，一个目标。”

（“当失败不是一种选择”，《哈佛商业评论》

精粹，2005年7、8月合刊）。

海克·布鲁赫 & 苏曼德拉·戈沙尔：小心繁忙的经理

海克·布鲁赫是瑞士圣加伦大学的一名领导力教授。苏曼德拉·戈沙尔是伦敦商学院的一名战略与国际管理学教授。

如果你倾听高管的心声，他们会告诉你，他们最缺的资源是时间。每一分钟都花在应对战略问题、集中精力减少成本、设计创造性的方法应对新市场，以及击败新的竞争对手上。

但是，如果你仔细观察他们，你会看到：他们从一个会议冲向另一个会议，不断查看他们的电子邮件，解决一场又一场的危急事件，打了无数的电话。简言之，你将看到一个数量惊人的快速行动的活动，几乎没有时间思考……

事实上，很少有管理者尽可能高效地使用他们的时间。他们认为自己在做很紧急的事情，但是他们真的忙得跟陀螺似的。

DATE

DATE

事实上，现在的经理人已经意识到徒劳的忙碌是危险的，他们自己也在哀叹这个问题。在过去的十几年里，我们已经研究了近12个大公司忙碌的经理人的行为。我们的研究结果会吓到你：90%的经理人在各种各样无效的行动中浪费他们的时间。换句话说，只有10%的经理人在时间管理上能够做到专注、目的明确并且善于反思。

通过多年观察大量的经理人，我们得出的结论是，那些采取有效行动的管理者（那些使坚难的甚至看似不可思议的事情发生的人）有赖于两点结合：专注和活力。

专注是集中注意力——集中精力在一个目标上并且盯着直到任务完成的能力。

专注的经理人不是处于被动模式，他们选择不立即响应挡在他们面前的每一个问题，或者其他与目标无关的容易分心的事情，如电子邮件、会议、挫折和不可预见的需求。

因为他们清晰地了解他们想要完成什么，在决定一个行动之前仔细权衡他们的选择。此外，因为他们只致力于一个或两个关键项目，因此可以把全部注意力放在他们相信的这个项目上。

考虑到第二个特征——活力。这是由于强烈的个人使命才充满活力。活力是使经理人付出比期望多得多的动力去解决繁重的工作和满足严格的最后期限。

尽管专注和活力都是积极的特质，单独一个是不足以产生有目的的行动，而这是一个组织对管理者最大的需要。

没有活力的专注会变成无精打采的执行或者导致倦怠。有活力却没有专注就会变成漫无目的的忙碌，或者以其最具破坏性的形式——一系列徒劳的失败而告终。

我们研究的经理人，约有30%的人处于低水平的活力和专注状态，我们称这些经理人为拖延症者。虽然他们忠实地执行例行任务——参加会议、写备忘录、打电话等。但他们不能采取积极行动，提高表现水平，或参与战略……他们毫不费力地长期处于被动状态，这种状态被心理学家马丁·塞林格曼称为“习得性无助”。他们认为自己无法控制事件，所

DATE

DATE

以他们什么也不做。

大约20%的高效经理人陷入脱离类别，他们表现出高度集中，但有低水平的活力，其中的一些管理者只是精疲力竭并且缺乏内部资源来重新激励自己。空闲的管理者往往是非常紧张的，这不奇怪，因为他们常常饱受心理上的折磨，如焦虑、不确定性、愤怒、沮丧和疏远。

他们通过逃避和尽可能做最少，或者几乎什么都不做来处理这些情绪，这使情况更糟。一个经理这样说：“我知道，我们没有一个创新的想法真正实施过。所以我继续提出概念和想法——但没有执行。”

目前为止，我们研究的最大一群经理人——超过40%被划入分心象限：那些善意的、精力充沛但无焦点的人，他分不清狂热的运动与建设性的行动，因为分心经理人往往是没有远见的，他们经常发现自己过于繁忙。他们好心好意参与多个项目，但最终他们的兴趣显得苍白，要么不断结束战斗，要么把整个项目丢在一旁。

许多管理者感到繁忙的巨大压力。当然，很

多这种压力是内在的：许多没有安全感的经理人，试图用他有多少工作要忙来让别人印象深刻。但是，这种压力可以通过组织本身被放大。事实上，许多公司鼓励甚至奖励疯狂的行动。我们注意到，例如，在一个组织里，他们的CEO和高管表现出有进取心但粗心大意的行为，这更有可能使其他经理受影响而分心。

我们研究的最小比例的经理人——大约10%——都是兼具高活力和高聚焦。这些经理人不仅比同事投入更多的努力，他们也更经常达到长期目标。有目的的经理人倾向于比大多数人更有自我意识。他们清楚他们的目标，加上强大的意志力，帮助他们在时间管理上作出最明智的安排。

有目的的经理人非常高效的一个原因是，他们擅长管理精力，意识到时间的价值，他们小心管理时间。一些人一天内的一定时间段拒绝回复电子邮件、电话，或门外的访客。有一些经理人在他们的时间表里构建了“思考时间”。例如，有一

DATE

DATE

个总经理，经常早上7点，在他的同事来公司之前，到达办公室思考一些问题。“在最繁忙的时期，我慢下来，花时间去思考自己真正想要达到的目的是什么，并且把重要的事情同不相关的事情分开。”他说，“然后我专注于做最重要的事”。

也许有目的的经理人和其他经理人的最大区别是他们工作的方法。其他经理人觉得受到外面力量限制：他们的老板、他们的同龄人、他们的工资、他们的工作描述。当他们决定什么可行，什么不可行时，他们把所有这些因素都考虑进去。换句话说，他们由外而内地工作。

有目的的经理人与此正相反。他们首先决定自己必须达成什么目标，然后努力管理工作和外部环境——开发资源、建立网络、研磨技能：扩大他们的影响力。所以，最后他们达到他们的目标。某种意义上的个人意志——拒绝让别人或组织约束设置议程——可能是这群管理者和所有其他管理者最微妙和最重要的区分。

事实上，这种意志力使有目的的经理人能够控制外部环境。大多数经理人精力受到消耗是因为他们自认为影响力有限。有目的的经理人，相比之下，敏锐地意识到他们能做的选择——他们系统地扩展自己的行为自由。他们设法掌握老板的期望，独立拓展所需的资源，与有影响力的人发展人际关系，并培养具体的技能以扩大他们的选择和行动能力。

这就是为什么有目的的经理人可以做出大胆的长期目标，并坚持到底。

（“小心繁忙的经理”，《哈佛商业评论》，2002年2月刊）。

拉尔夫·斯特耶：我是如何学会让员工领导的

拉尔夫·斯特耶是约翰逊维尔食品公司的CEO。

在1980年，我是一个成功的家族企业约翰逊维尔香肠公司的掌舵人，公司状态良好，但需要彻底地改变。

我们的利润高于行业的平均利润，我们的财务报表显示健康发展的迹象。我们年度成长率约为20%……我们的产品质量

DATE

DATE

很高，在社区赢得尊重。我赚了许多钱。

但我心里有个打不开的结。我担心竞争。我们是一个小型地区性生产商，要与全国性的竞争者竞争。他们能对外促销，对外宣传，他们可以选择在任何时候将我们的价格调低。

比竞争更令我担心的是，潜力和表现之间的差距。我们的员工似乎心不在焉。每天我来上班，看到他们如此厌烦他们的工作，犯一些轻率、愚蠢的错误。他们贴错产品的标签或添加了错误的调味料，或未能按比例混合它们……没有人故意浪费金钱、时间、原材料，只是人们对他们的工作不负责任。他们早晨出现在公司，半心半意地做他们被告知要做的事，然后就回家了。

现在，我不期望他们能像我一样深深致力于我的公司。拥有这家公司的是我，而不是他们。但如此低水平的注意力和参与度，怎么可能在严峻的竞争挑战中生存下来呢？

1980年，我开始寻找一个改变。寻找一本书，能告诉我怎么会让员工关心他们的工作和他们的公司。不奇怪，这个寻找是徒劳的。没有人能告诉我如何唤醒我的员工，我必须自己想出来。

然而，我告诉自己，为什么不呢？我创造了公司，所以我可以管理好它。这个错不在别人，而在我自己。员工的这种不负责任的状态，是管理者也就是我自己一手造成的。在1980年，每一个问题，实际上，都落到我的肩膀上，压得我好重，压垮我的下属并且严重阻碍了公司的发展。如果我要处理好我造成的问题，我必须先解决我自己的问题。我想我应该做什么，我第一次问自己：我需要做什么以达到公司的目标。但公司的目标是什么？我真正想要"约翰逊维尔成为什么样的公司？"我不知道。

这个领悟让我有了第二个洞察力：没什么比目标更重要。任何管理者可以问的最重要的问题是："世界上所有可能发生的最好的事情中，我最希望发生的是什么？"

呈现在我脑海里的绝对不是一个我独揽大权和对所有的问题负责的组织。我想看到的应该是一个人们对自己的工作

DATE

DATE

承担责任，对产品负责，对整个公司负责。

有了那个目标在心中标记为B点，我转向了问题，我们的起点——A点。所以我做了一个态度调查，了解人们如何看待这个工作和公司。调查告诉我，员工们在“约翰逊维尔，除了这是一份工作，一种手段，离开了公司就什么事情都没了。”我想要他们致力于公司的目标，但他们没觉得有什么目标。在那个阶段，我仍然无法看到改变他们观点最大的障碍是我自己。我以前学到的东西和经验让我相信，任何事情我没有亲自做是做不好的。

那么他们为什么要致力于约翰逊维尔？他们没有公司的股份，没有权力作出决策或控制他们自己的工作。如果我想要提高成果，我不得不提高他们对公司的参与度。

这是立即被我误用的一个观点。凭直觉，我下令改变，我向我的管理团队宣布：“从现在开始，你们所有人负责做出自己的决定。”我决定不再专制独裁。但我错了，他们是好士兵，尽力做到最好，但我已经把他们训练成期望我帮助他们解决问题。我并不真的希望他们独立作出决定。我要他们作出我会做的决定。在我内心深处，我还是更喜爱自己全然掌控。于是，我原本是直接告诉他们我想要他们做什么，现在结果就变成，我让他们猜测我想要他们做什么了。

看来，B点需要一些调整。20世纪80年代初，我学会了不能把责任分出去。人们必须学会期待它，希望得到它，甚至要求它。所以我的目标需要重新定义。目标与其说是让人们共同承担责任，不如说是创建一个人人坚持负责的环境。

为了把人们带到新的B点上，我必须学习成为一个更好的教练。通过这个，总而言之，我的意思是描绘一个愿景，让人们看到他们自己的行为，拥抱自己的挫败感和自己的问题。

变革过程的早期，例如，我被告知一个工厂的工人不喜欢在周末工作，他们为了赶工期常常不得不周末加班。我怀疑周末是否真的有必要上班，我向厂长施压，让他们把这个问题视为一个机遇。我问他们是否测算过生产效率，例如，他

DATE

DATE

们是否试过让他们的工人为加班的问题负责。于是，大家都发现的第一件事是机器停机时间在30%~40%。然后他们开始正视机器停机引起的全部事实——迟到、缺勤，草率地维护、缓慢重启。一旦工人开始看到这是他们自己引起的问题，他们就意识到自己可以甩掉周末的工作。在三个星期内，他们将停机时间减少到低于10%，周六和周日也可以休息了。

这件事使我得到另一个见解：我需要作出的第一个战略决策是谁应该做决策。在理论上，那些执行决定的人和受决定结果影响的人，就是最好的人选。我们改变了我们的质量控制系统。高层管理不再品尝香肠，做香肠的人开始品尝香肠了。我们通知生产线工人从现在开始这将是他们的责任，确保只有优质的产品离开工厂。未来，将由他们来管理质量控制。

让我惊讶的是，人们很容易就接受了这个所有权。他们形成员工团队来解决质量问题。例如，一个团队对包装漏气问题发起了总攻——真空包装塑料包香肠，容易泄漏空气，缩短保质期……

这个团队负起了全部责任。结果是惊人的，不良率从5%下降到小于0.5 %。

我们开始把客户信件直接发给生产线工人。他们自己处理并且担起责任，纠正这些客户在信件中提到的问题。

下工厂车间的人开始抱怨那些仍然草率的或漠不关心的同事。事实上，他们来到高级管理者面前对高管说："你没把你自己的意见付诸实践。如果你做了，你不该让这些表现糟糕的工人在这里工作。你应该处理或开除他们。"

我们的第一反应是我们应该插手进去赶紧做点什么；但到目前为止，我们已经学会了三思而后行。我们问自己：如果接受处理这个问题的责任，是否可以帮助我们到达B点。答案显然不是。更重要的是，我们问自己：谁最适合负责解决这个问题？结论很明显——在车间的人们比我们更了解良好的表现应该是怎样的，所以，他们是做这些决定最好的人选。

我们告诉他们应该由他们自己来处理这种情况。我一次

DATE

DATE

又一次咬自己的舌头，但他们真的承担起责任来处理车间工作表现问题，并且真的解雇了那些不符合他们团队标准的人员。最终，生产线工人发挥了最传统的人事部门的功能……

传统的人事部门消失了，取而代之的是由一个学习和个人发展团队帮助员工发展他们自己的B点和A点——他们的目的地和起点——找出如何利用约翰逊维尔来达到目标。我们设立了一个教育津贴提供给每个人，只要他们认为需要使用。

最终的状态我们现在都设想“约翰逊维尔是一个永不停止学习的公司。”学习的一部分是掌握关于会计、机器维修、营销甚至跳伞和意大利烹饪的知识。但最重要的学习是教会我们去质疑我们的行动和行为，以便更好地了解我们的执行、工作和生活。

帮助别人发挥他们的潜力当然是一个道德责任，但也是一个好生意。生活是渴望。学习、努力奋斗的人既是幸福的人，也是好员工。他们有创意和想象力，并且他们很少被老板抓住正在打瞌睡。

我发现人们在看我的每一个行动，是否在支持或是削弱我们的愿景。他们想要看看我是否以身作则，说到做到。

从外面，我做了一件简单的事情来证明我的诚意。我在我的桌子上立了一个牌子，上面写着“问题就是答案”，当人们带着问题来找我，我问自己，他们的问题是否我应该回答。我不再直接给他们答案，我扭转局面，试图让他们收回自己的问题。拥有问题是我的设想目标状态的一个重要部分，我不能让人们把他们的问题直接抛给我。

我还发现，在会议上，人们在提出自己的意见之前等待着先听我的意见。会议一开始，我坚持让他们先说出他们自己的想法，但没有意识到我以一些微妙的方式透露自己的偏好——我的语调，我问的问题，任何人都可以熟练地解读出来。当我意识到这个问题时，我开始保持沉默，

我避免以任何方式透露我的立场。结果最后，我可以不用参加很多会议，迫使其他人在没有我的情况下作出自己的

DATE

DATE

决定。最终，我开始懂得我所做的一切。我说的话做的事都有一个象征意义和字面意义。

我已经预料到每句话和行动的潜在影响，我一次又一次地问自己，我该做什么或说什么会加强愿景或破坏它，是使我们更接近B点还是会把我们带回原点——A点，鼓励人们解决自己的问题或不要把问题留给我。我越来越认识到，我要做的工作，其实就是把自己从工作中解脱出来。学习和责任是如此生机勃勃，而进取精神使我们在工作中保持热情。在过去五年中，我自己的愿望是消除我的工作，创造一个这样的学习型组织，每个人自发地、积极主动地解决问题，负起责任，有独立的思想，而约翰逊维尔本身将会自己运行。“到1985年中期，我们都走过了漫长的道路。”约翰逊维尔成员开始在自己的工作表现上负起责任，他们工作做得很棒！

然后帕尔默香肠（化名）出现了！并且带给我们里程碑意义的一个黄金机会和一个威胁我们生存的重大挑战。帕尔默是一个更大的香肠公司，帕尔默决定巩固一些设施，并让我们接管他们关闭的一个工厂的部分生产线。这代表了他们订单的巨大增加，而且额外的生意非常诱人：它非常赚钱，并且它将抵消我们自己的一个新的高效工厂的成本。有利的一面是非常有吸引力的——如果我们应付得过来。

这正是我所担心的。处理一个扩大的帕尔默合同，我们必须迅速雇用和训练一大批新人，并且教给我们现有人员新技能，为了保持帕尔默产品和我们自己产品的高品质，我们必须长达一年多每周工作六七天，直到我们的新工厂准备好并且能够承担帕尔默取消合同的风险。

直到那一刻，我的战略团队总是作出战略决策。但是我们唯一可以与帕尔默成功合作的办法是每个在约翰逊维尔工作的人都致力于使这个合作成功，所以每个人都必须作出决定。

我的高级经理和我召开了一个全厂会议。提出了三个问题：怎样才能让这个合作成功呢？是否有可能降低不利的一面呢？我们真的想做这件事情吗？

DATE

DATE

小组们几乎立即召开会议，几天之内他们的代表会见了。为了使合作成功，员工们决定我们必须一周工作七天，雇用和培训新人来接替新的班次，提高效率，从现有的生产能力中获得更多产量。他们也想到了负面风险。最大的危险是，做了需要处理这件事的所有投资和牺牲，我们会失去额外的业务。他们找出了唯一减少这潜在负面风险的方法，那就是达到很高的标准质量，我们将真正提高已经一流的帕尔默产品，同时，保持我们自己产品的高标准，以确保“约翰逊维尔品牌没有被丢在一边”。公司几乎全体一致地决定接受这个业务。这是我人生中最骄傲的时刻。如果按照我们传统的决策方式，我们肯定会拒绝帕尔默。“约翰逊维尔公司的人相信自己，勇敢地接受了这个挑战。他们真的很棒！

（“我是如何学会让员工领导的”，《哈佛商业评论观点》，2001年）。

哈尔·普洛特金：及时的反馈

哈尔·普洛特金是一个研究人员兼作家。

一个经理所犯的最大的错误之一就是忽视给有重要价值的员工反馈。没有人喜欢感到不被赏识，给你最好的员工太少反馈，他们可能会另谋高就……

在许多公司，反馈是令人害怕的，刻意避免的，或者是半心半意地去做。这是一件很遗憾的事情。因为反馈是开启持续改进工作表现的钥匙。所以，你怎么做才不会疏远你想帮助的员工？这里有几个建议：

• 鉴定员工具体的成功与失败。要具体！不要告诉一个员工他太经常迟到。相反，告诉他在一个特定的时间段内他迟到的确切的次数。同样具体地，当你赞许一个员工时，要提到他为公司省下多少数量的钱或多少时间。把焦点放在具体的行动上而不是你的结论上。

• 尽量避免让你的情绪妨碍你。相反，坚持讨论具体行为问题。

• 停止说话，开始倾听。认真注意他们说的话和肢体语言，

DATE

DATE

必要时问些问题，以确保他们有一个全面的机会表达他们的观点。

• 讨论改变或不改变行为的措施。花时间帮助他们理解他们的行为给组织带来的后果。如果一个员工不及时回客户的电话，你可以告诉他，他的行为怎样影响了客户满意度评级。

• 同意一项行动计划。询问员工他可以采取何种措施来解决这个问题，征求他的建议。人们更愿意照自己的观点去做，而不是听别人告诉他们做什么。

• 后续跟进。设定一个日期和时间来再次见面，正式评审行动计划的相关进展。

这一切听起来好像很麻烦，记住关键点就行。人们不炒公司的鱿鱼，他们会炒老板的鱿鱼。

（“及时的反馈”，《哈佛管理通信》，2002年11月）。

亨利·明茨伯格：高效经理人的工作

亨利·明茨伯格是麦吉尔大学的管理学教授。

如果这篇文章有一个唯一主题的话，那就是

工作压力驱动经理人承担太多工作，并且在工作中不断被打扰，快速回应每一个刺激，具体而微，却不能顾全大局，常常闭门造车，拍脑袋做决定。若退一步，从一个更广阔的画面来看问题，就会发现要把注意力集中在真正需要它的那些问题上，而不是被表面的压力所左右。虽然有效的管理者必须善于快速处理众多不同的问题。

管理工作中的危险是，他们将同等（这也意味着突然）回应每一个问题，他们绝不会把工作中星星点点的信息拼成一个全面的画面。管理者要花费这么多的时间来解除这些任务，如果他们是这么看自己的，那么，他们在公司里就不可能留下任何印记。不成功的经理人把失败归结于这些义务，而高效经理人则把这些义务变成优势。讲话是一次游说的机会；会议是重组一个弱势部门的机会，访问重要客户是一次获得生意信息的机会……

空闲时间是创造出来的，而不是找到的。希望留一些时

DATE

DATE

间沉思或总体规划几乎等同于希望工作压力会消失。

（“高效经理人的工作”，《哈佛商业评论观点》，1990年3、4月合刊）。

史蒂芬·柯维：领导完人

史蒂芬·柯维是国际领导力大师，同时也是富兰克林柯维公司的创始人之一。

太多管理者仍然停留在工业时代，像对待物体那样对待人。许多人认为，我们已经把工业时代抛在我们的身后。许多人认为，我们正处在一个新的“新知识工人时代”。许多人认为，机器式工人和等级森严的旧时代已经结束了。

但是，这些破坏性的态度仍然生生不息，甚至在某种程度上比以往任何时候都更糟糕。举些例子：

• 快餐店的员工如果多花几秒在一个订单上，那他的收银机就会提示反应太慢。

• 护士被要求佩戴“定位环”，那个环每隔几分钟就会响起，即便她正在试图让病人安静下来或哄孩子睡觉。

• 所谓的“年度业绩评估”系统，使得分裂产生，破坏士气，迫使人们离职。

在工业时代，一个人至少有一个可以请教的师傅，今天在许多情况下，通过数字化或者远程就能得到指导。与这种非人性化的管理相比，以下这些管理者真正把员工当作完人——重视员工的头脑、心灵和精神：

• 比萨店的经理每周一次把他的员工聚在一起，问：“我们这周可以做些什么新玩意儿呢？”

• 海军队长面见每个水手，发现他生活中最珍贵的梦想。

• 部门领导深入了解他的每个员工真正擅长什么，并充分发挥他们所长。

领导首先深刻理解你作为完人。许多领导人很少利用他的员工的才能，仅仅看到他们的“岗位描述”。他们无法看到每个人作为一个独特和珍贵的资产，充满未开发的潜能。

DATE

DATE

相比之下，伟大的领导者把员工当作一个整体的人，而不是作为“人力资源”。完人有四个维度：身体（生理功能），心灵（激情），思想（知识和技能），精神（意义和目的）。

一个领导者忽视这四个维度中的任何一个，就会不可避免地把人当作物体来使用。如果他忽略了员工的心灵，他们就不会将激情投入他们的工作之中。如果他忽略了他们的思想，他们永远就不可能在工作中挖掘创新的想法。如果他希望真正引领他们，发挥他们的能力，那就要致力于完人的所有四个维度，这是每一个伟大的领袖应该做到的。

海军舰队队长迈克是这种领导的一个例证。他接手了一艘快要下沉的船——打比方。当他指挥本福德号航空母舰时，它是美国海军军舰表现记录最差的舰队。短短几年，本福德变成记录最好的舰队。

他是怎么做到这一点的呢？通过深入全面地了解他的队员。他采访了每个水手，单独约见他们中的300个人，询问他们的希望、梦想、挫折、目标、喜好。他发现，许多人希望得到大专以上学历，于是他就安排了远程的学习机会。他发现，他们不喜欢油漆船，他更改了钢甲板减少油漆。他让他们的大脑运行起来，使他们不同以往地发挥出更好、更快的潜能。

要成为一个领导者，你必须倾听团队的声音，询问他们生活中的这四个维度：

身体

- 你的“经济引擎”是否处于良好的状态?
- 我们可以做些什么来提高你的工作环境?

心灵

- 你总是喜欢做什么?
- 什么样的工作内容会让你充满热情?

思想

- 你真正擅长什么?
- 你看到什么样的成长和发展机会?

DATE

DATE

精神

• 在这里你想作出什么样的贡献——一些真正对你有意义的东西?

想想一个领导者了解他的员工——关于他们未开发的激情和技能，这将具有多大的力量！相反，一个领导者，若不知道这些问题的答案，就好比一个农民不知道他正在挖一亩地的钻石。

（“领导完人”,《首席学习官》杂志，2004年11月）。

吉姆·洛尔 & 托尼·施瓦茨：如何培养“企业运动员”

如果存在一项素质是执行官们一直为他们自己和员工所寻求的，那就是面临迅速变革和不断增加的压力时实现持续高业绩的素质。但是这种业绩表现的源头如同青春之泉一样难以寻觅。管理学的理论家们一直试图准确定位是什么原因使得一些人能够在压力下成长，而另一些人却会失败。我们认为他们只获得了部分答案：丰厚的物质奖励、正确的文化和目标管理的方法。

我们相信，大多数的方法所存在的问题，是他们只关注人的颈部以上，认为高绩效主要与人的认知能力有关。最近几年，对于情商与高绩效之间的关系正在不断引起人们的关注。一些理论家还从精神层面来进行分析：更深层次的价值观和对目的的感觉是如何影响绩效。几乎没有人对身体能力所扮演的角色加以注意。我们发现获得持续高绩效的成功方法，关键在于汇集所有因素，把人当作一个整体来看待。这样，我们整合绩效管理理论针对的是身体、情感、头脑以及精神。我们把这样的金字塔称作绩效金字塔。金字塔的每一层对于其他层都有很大的影响，任何一层处理不当都会损害绩效。

身体才能

玛丽莲·克拉克是所罗门·史密斯·巴尼投资银行的一名执行总裁，经营该银行的克利夫兰分公司。她三十多岁，是三个小孩的母亲，她丈夫也是一家企业的高级执行官。在

DATE

DATE

所有人看来，克拉克的生活也是让人羡慕，她简直就不应该有什么抱怨。稍加注意就可以发现，她为紧张的一天付出了高昂的代价。早上，咖啡和松饼为她加油，她就立刻精神抖擞、充满活力。但一到下午，她的能量就衰竭了，靠精神力量支撑剩下的一天。午餐期间，本来可以稍加恢复，但是她发现自己很难对那些排在她办公室门口寻求咨询和帮助的同事们说不。在工作、同事、家庭对她的要求之间，她没有时间留给自己。她的挫折感悄悄蔓延。

当她更多地明白了能量和表现的关系后，克拉克同意她的当务之急是恢复她的身体状况。她希望感觉身体更好，而且她从过去的经验中知道，如果她将有规律的锻炼安排进她的日程，她的心情将会得到很大的改善。克拉克开始坚持在附近的健身房锻炼，每周三天，下午一点准时去。有规律的锻炼使克拉克建立了清晰的工作与生活的分界线，恢复了她当运动员时的感觉。现在，她不会在下午陷入能量低谷，伸手拿块糖果提神，而是在锻炼后回到办公室，感觉重新充满能量，注意力更加集中。

情感才能

艾伦是一家投资银行的执行官，经常出差，负责监管全国十多个办事处。他的同事和下属认为他是个完美主义者，他很挑剔，他的沮丧和不耐烦常常演变为对员工的怒骂。他的愤怒是一种反应性的情绪，是当他面临威胁时所作出的战斗或逃跑的选择之一。为了更有效地进行管理，他需要将他内心感受到的威胁转化为一种挑战。

我们帮助他制定了一个当他觉得负面情绪可能爆发时，他所需要采用的包含五个步骤的精确习惯来进行抑制。他首先面临的挑战是更清楚地察觉身体在情绪发作前所发出的信号：身体紧绷、心跳加快、胸闷。如果他感觉到这些信号，第一步是闭上眼睛，做深呼吸。第二步，有意识地放松面部肌肉。然后，努力使自己的嗓音柔和下来，放慢语速。之后，试着

DATE

DATE

将自己放在对方的立场上，即自己发火对象的立场上，想象他或者是她的感受。最后，他需要集中注意力，用积极正面的语言作出反应。

几个星期之后，五步操练就变成了自动反应，成为一个打断他通常反应的可靠方法。无数的员工反映，他变得更为理性、更加容易让人接近，不那么可怕了。艾伦自己说他成为了一个更高效的经理人。

智力才能

简单地讲，集中注意力是要将能量聚焦在某个特定目标的实现上。任何干扰这种努力的事情都会消耗能量。

头脑中视觉化是另外一个产生正能量的习惯，结果也是感觉得到的。例如，厄尔·伍兹教他儿子老虎伍兹在每次击球前，都先在自己的头脑中想象高尔夫球滚进球洞的轨迹。这个练习不仅仅产生模糊的乐观感觉，或者是舒服感。在头脑中进行视觉化，能够在实际上重新组织脑细胞的组合线路，直接改善工作表现。

精神才能

我们发现，要构建精神上的联系，需要从单调工作的截至日期和工作职责中走出来，花些时间进行反思。繁忙的执行官们倾向于随时保持救急的状态，总是去赶赴那些看上去最紧迫的工作，而对工作没有大局观。

理查德是一位证券经纪人，工作在纽约市，家住远郊，妻子带着三个年幼的孩子在家里。他长时间花在工作上和上下班的路上，理查德花在家人身上的时间非常少。他通常在孩子起床前就离开家，晚上回家已经是7点半了，感觉疲惫不堪，没有心情和任何人说话。

一天开车回家途中，理查德发现自己在仔细考虑自己的生活。他的心中突然涌出激烈的感情，将车停在离家还有10条街的地方，平静一下自己的情绪。让他感到吃惊的是，他居然哭了。他感觉生活的痛苦淹没了他，他的心中渴望家庭

DATE

DATE

的温馨。十分钟以后，理查德想做的事情只有一件：回家拥抱妻子和孩子们。他的孩子们已经习惯了在一天结束时，要给爸爸留出一个空间，但是今天爸爸泪流满面、拥抱他们的时候，孩子们简直就被搞糊涂了。当他妻子过来时，她第一个念头是他被公司开除了。

第二天，理查德有个奇怪的感觉，他不由自主地将车停在家附近的公园。果然，泪水流了下来，对家的渴望也回来了。再一次，他飞快到家。理查德偶然发现的这个习惯，使他能从工作中解脱出来，找到了一个关于目的和意义的深厚源泉：他的家庭。这样，回家不再是漫长一天后的负担，而成为了一个恢复更新的源泉。相应的是，理查德在工作上不再走神，他变得更加注意力集中、积极，更有创造性，甚至能够减少工作时间，而不影响工作效果。

如果人们不论是在身体上、情感上、思维上，还是在精神上感到自己强壮而有弹性，他们就能够表现得更加优异，更有激情，更能够持久。他们的成功，既是他们家人的成功，也是雇用他们的企业取得的成功。

（"如何培养'企业运动员'"，《哈佛商业评论》，2001年1月）。

高效经理人必读的商业书籍

每一个经理人应该熟悉这25部经典管理书籍：

1. Built to Last，Jim Collins and Jerry Porras.

《基业常青》，吉姆·柯林斯、杰里·波勒斯（著），中信出版社。

2. Execution：The Discipline of Getting Things Done，Larry Bossidy and Ram Charan.

《执行：如何完成任务的学问》，拉里·博西迪、拉姆·查兰（著），机械工业出版社。

DATE

3. From Good to Great, Jim Collins.

《从优秀到卓越》，吉姆·科林斯（著），中信出版社。

4. In Search of Excellence, Tom Peters.

《追求卓越》，汤姆·彼得斯（著），中信出版社。

5. Leadership, Rudolph Giuliani.

《领导力》，鲁道夫·朱利安尼（著），未发现中文简体版译本。

6. Leading Change, John Kotter.

《变革的力量》，约翰·科特（著），华夏出版社。

7. Management Challenges of the 21st Century, Peter Drucker.

DATE

《21世纪的管理挑战》，彼得·德鲁克（著），机械工业出版社。

8. Managing Across Borders, Christopher Bartlett and Sumantra Ghoshal.

《管理无界限》，克里斯托弗·巴特利特、苏曼特拉·戈沙尔（著），未发现中文简体版译本。

9. On Becoming a Leader, Warren Bennis.

《成为领导者》，沃伦·本尼斯（著），中国人民大学出版社。

10. On Leadership, John Gardner.

《论领导力》，约翰·加德纳（著），未发现中文简体版译本。

DATE

11. Out of the Crisis, Deming W. Edwards.

《走出危机》，戴明 · 爱德华兹（著），未发现中文简体版译本。

12. The 7 Habits of Highly Effective People, Stephen R. Covey.

《高效能人士的七个习惯》，史蒂芬 · 柯维（著），中国青年出版社。

13. The 8th Habit : From Effectiveness to Greatness, Stephen R. Covey.

《高效能人士的第八个习惯：从效能迈向卓越》，史蒂芬 · 柯维（著），中国青年出版社。

DATE

14. The Change Masters，Rosabeth Moss Kanter.

《变革大师》，罗莎贝丝 · 莫斯 · 坎特（著），未发现中文简体版译本。

15. The Effective Executive，Peter Drucker.

《卓有成效的管理者》，彼得 · 德鲁克（著），机械工业出版社。

16. The Fifth Discipline，Peter Senge.

《第五项修炼》，彼得 · 圣吉（著），中信出版社。

17. The Mind of the Strategist，Kenichi Ohmae.

《巨人的观点：像战略家一样思考》，大前研一（著），机械工业出版社。

DATE

18. The General Managers, John Kotter.

《总经理》，约翰·科特（著），机械工业出版社。

19. The One-Minute Manager, Ken Blanchard.

《一分钟经理人》，肯·布兰佳（著），南海出版社。

20. The Wisdom of Teams, Jon Katzenbach and Douglas Smith.

《团队的智慧》，乔恩·卡岑巴赫、道格拉斯·史密斯（著），经济科学出版社。

21. Understanding Organizations, Charles Handy.

《组织的概念》，查尔斯·汉迪（著），中国人民大学出版社。

DATE

22. What the CEO Wants You to Know，Ram Charan.

《CEO说：像企业家一样思考》，拉姆·查兰（著），机械工业出版社。

23. When Giants Learn to Dance，Rosabeth Moss Kanter.

《当巨人学习跳舞》，罗莎贝丝·莫斯·坎特（著），未发现中文简体版译本。

24.Winning，Jack Welch.

《赢》，杰克·韦尔奇（著），中信出版社。

25.Wooden on Leadership，John Wooden and Steve Jamison.

《全力以赴：让每一个人激情飞飏》，约翰·伍顿、史蒂夫·贾米森（著），人民邮电出版社。

DATE

Note Date

Chapter 4

Essential Quotations for Managers

第四章

高效经理人的精华语录

卓有成效的管理者离不开最好的思想家的智慧。以下语录是按照伟大管理者的重要特征进行分类的。请阅读、熟记并且运用这些语录。

利用资源和主动性

没有失败，除非你不再尝试。没有失败，除非从心里放弃，没有真正难以逾越的障碍，除非我们内心妥协。

——金·哈伯德

唯一的压力，相当于一座小山的压力，是你给你自己的。所以我不担心外界的压力。但是，如果我不给自己压力，把我能够做到的事情做到最好，我就是欺骗大家，包括我自己。

——约翰·伍顿

毅力和固执的区别是：一个往往来自一个强大的意志力，一个则来自于强大的不情愿。

——亨利·沃德·比彻

我们为那些大胆的人让路。

——克里斯蒂安·耐斯特尔·博维

我们最大的光荣不在于永不失败，而在于每当我们失败的时候，我们都再次站起来。

——拉尔夫·沃尔多·爱默生

天上不会掉馅饼。

——中国谚语

DATE

使命宣言

一个好的领导者卓有成效。一个伟大的领导者创造历史。

——卡洛斯·戈恩

成功的秘诀就是坚持不懈地奔向目标。

——本杰明·迪斯雷利

一个人最大的悲剧可能是生命中缺少感到重要的东西。

——亚瑟·摩根

当会议的结果是安排更多的会议，通常意味着事情毫无成效。

——凯文·墨菲

DATE

承担责任，不要光愤世嫉俗……这是一个道德问题。因为当你60岁时照照镜子，并问自己，此生你做出了什么贡献。

——汤姆·彼得斯

伟大的思想拥有目标，其他则只有愿望。

——华盛顿·欧文

当你能够真正去解决或者帮助解决问题，这些问题才有价值，因为你为其贡献了自己。

——理查德·费曼

设定最重要目标

只是忙起来是不够的。现在的问题是：我们在忙什么？

——亨利·大卫·梭罗

DATE

所有的公司都有目标。但只是有一个目标与致力于艰巨的大挑战，这是有区别的——就像攀爬一座大山。这样巨大而大胆的目标是明确并激励人的，它要成为共同努力的焦点。

——吉姆·柯林斯

追求什么，就得到什么。

——拉里·博西迪

最浪费时间的人抱怨最多。

——拉布吕耶尔

能够执行，是一个特殊和独特的技能。它意味着人知道如何把决定付诸行动，并将其推进直到完成，中间会有拦阻、

DATE

混乱或意想不到的障碍。任何高效执行的人都知道，最后的结果就是赢。

——杰克·韦尔奇

失之毫厘，谬以千里。

——中国谚语

制定双赢绩效协议

最好的执行是能够挑出优秀的人做他想要做的事，并且拥有足够的自我克制，不去插手他们正在做的事情。

——西奥多·罗斯福

一个优秀的管理者能用N种方法剥一只猫的皮，而一个伟大的管理者能够让那只猫信服这么做是非常必要的。

——格内·佩雷

DATE

不要告诉人们如何去做事。告诉他们做什么，他们的聪明才智会令你感到惊讶。

——乔治·巴顿将军

伟大的教导是一门让普通人做出卓越工作的艺术。

——匿名

有管理头脑的人会捡起停车场的一根钉子，即使那不是他的责任。

——拉斐尔·阿瓜约

为了让我自己看起来感觉良好，我周围的每个人都必须看起来感觉良好才对。

——多丽丝·德鲁

DATE

首先并且最重要的是，作为经理或主管，你的工作是通过其他人做成你的事情，你需要对管理负责，而不是亲自执行每一项任务。

——玛丽·安·阿利森

用同理心倾听

我有一个工具——我的耳朵，只有它。

——卡洛斯·戈恩

我们说的话有一定道理。我们往往很难看到的是，其他人说什么也在情理之中。我们每个人都有不同的故事。

——道格拉斯·斯顿

DATE

当你在完全投入、聚精会神地倾听别人时，你不仅在聆听对方说的话，也在感觉话里所传达的全部情感，不是一部分情感。

——克里希那穆提

一个好的倾听者不仅到处受欢迎，同时，他会知道更多东西。

——威尔逊米兹纳

有些人认为只有智力重要，知道如何解决问题，知道怎么获得认可，知道如何识别优势并抓住它。但是，单靠智力是不够的，还需要勇气、爱心、友谊、同情和感同身受。

——迪安·昆茨

我通过与比我更聪明的人打交道取得进步，我倾听我周

DATE

围的人，而且我认为三人行必有我师。

——亨利·凯泽

给予诚实、准确的反馈

和谐——许多领导人的追求，他们希望谁也不得罪。这种和谐是真理的敌人。它会压制批判性思维并促使秘密决定。一个值得遵守的座右铭是“真理胜过和谐。”坦白有助于扫清沉默的谎言。

——拉姆·查兰

成功的过程可以被看作是一系列试验，其中你的愿景不断引导你走向你的目标，而在你的实际表现中，你会经常稍微偏离目标。在任何领域取得成功，需要根据反馈的结果不断调整自己的行为。

——迈克尔·盖尔布 & 托尼·布詹

DATE

坦诚是一种美德，它意味着平等。它是真朋友交谈的方式。

——佩姬·努南

真相，如同手术，可能会痛，但它能够治愈。

——韩素音

我不希望任何敷衍的人在我身边。我希望大家告诉我实话，即使这会让他们失去自己的工作。

——塞缪尔·戈尔德温

说出真相不需要太多语言。

——约瑟夫酋长

寻求第三种选择

通过好奇心和以新的方式寻找机会,我们总能描绘出路径，

DATE

总是会有机会让我们出类拔萃的。

——迈克尔·戴尔

原型驱动公司喜欢玩。他们向新的想法开放。他们看重紧急麻烦的测试和实验。自由流畅的交流是常态。这不是鼓励或容忍草率的工作，它是匆忙的实验，可以集一些真实的数据，是“我们在这里做事的方式。”

——汤姆·彼得斯

每一次面临失败,都有另一套行动方案。只是你必须找到它。当你遇到一个路障时,请绕过它。

——玫琳凯女士

如果你想增加你的成功率,那就双倍增加你的失败率。

——托马斯·沃森

DATE

一个好的管理者并不试图消除冲突，他会努力不让它消耗员工的精力。如果你是老板，当你错的时候，你的员工公开反驳你，这才是健康的管理。

——罗伯特·汤森

总有更好的办法。

——托马斯·爱迪生

领导完人

聘请最好的员工。公平地付酬给他们。经常沟通。提供挑战和奖励。相信他们。别成为他们的障碍——他们的表现将令你震惊。

——玛丽·安·阿利森

DATE

相信他们的想法和所做的事非常重要，竞争力的本质就得到了释放，然后当他们这样做的时候，我们别成为拦路虎。

——杰克·韦尔奇

人的能力从未被测量。我们也不能根据先人能做什么来判断他也能做什么，已知领域实在有限。

——亨利·大卫·梭罗

有种东西更加稀缺，比能力更为罕见，那就是能够识别能力的能力。

——罗伯特·哈佛

不同寻常的是，普通人是多么地不同寻常。

——乔治·威尔

DATE

当我们知道我们是谁，我们可以成为什么样的人，我们的生命中就出现了神秘的相会，能够激发我们最大的潜力。

——拉斯特·贝丘如斯

幸福就是在通往卓越的路上充分运用你的潜能。

——约翰·F. 肯尼迪

选自《墨菲定律2000》

为解决一个问题你发出越多的指令，结果就变得越糟糕。

——罗伯逊的《官僚主义法则》

鸡毛蒜皮的小事占用我们更多的时间，因为与重要事项相比，我们更了解小事。

——施泰纳的《假设》

DATE

永远不要假设你要举办的活动有足够的人手、空间或预算。

——韦勒的《官僚资金法则》

1. 绝不要太经常太正确。

2. 得到暗示远比给予暗示更好。

——安德森的《低层经理人的生存法则》

切勿成为不可替代的人。如果你不能被取代，你就不能升职。

——查普曼定律

如果你很好，你会被分配所有的工作。如果你真的足够好，你会从这些工作脱身而出。

——欧文定律

DATE

官僚主义的唯一好处是其效率低下。

——麦卡锡的《马克西姆》

一个委员会可以做出比任何成员都笨的决定。

——科博利兹定律

DATE

Chapter 5

Essential Tools for Managers

第五章

高效经理人的必备工具

DATE

要成为一个高效的经理人，需要掌握几个必备的思维工具。接下来的内容包括《高效经理人的七个习惯》中介绍的必备工具，以及与你的团队一起使用这些工具的一些建议。

隐藏资源搜索器

目的与用途

隐藏资源搜索器是积极的经理人最喜爱的工具。

这个工具可以帮助你深入思考，并找出你可能意识不到的丰富资源，帮助你实现自己的目标。在项目启动时使用这个工具，打破常规思维，思考你所拥有的资源和能力。

使用这个工具进行头脑风暴，找出压缩成本、节省有限资源的方法。

与团队一起使用这个工具，突破由于明显的资源匮乏而造成的障碍。

使用方法

1. 在图表的中心位置写下你所面临的困难。

2. 使用工具中的问题，拓展你的思维。

3. 围绕四个资源类别进行头脑风暴。对所有的建议持开放态度。如图所示，将想法串联起来。

DATE

隐藏资源搜索器

隐藏资源搜索器可以帮助你找出自己从未意识到的资源，从而克服障碍，实现自己的目标。

在圆圈的中间写下你遇到的困难，围绕四个资源类别进行头脑风暴，参考后面的问题。

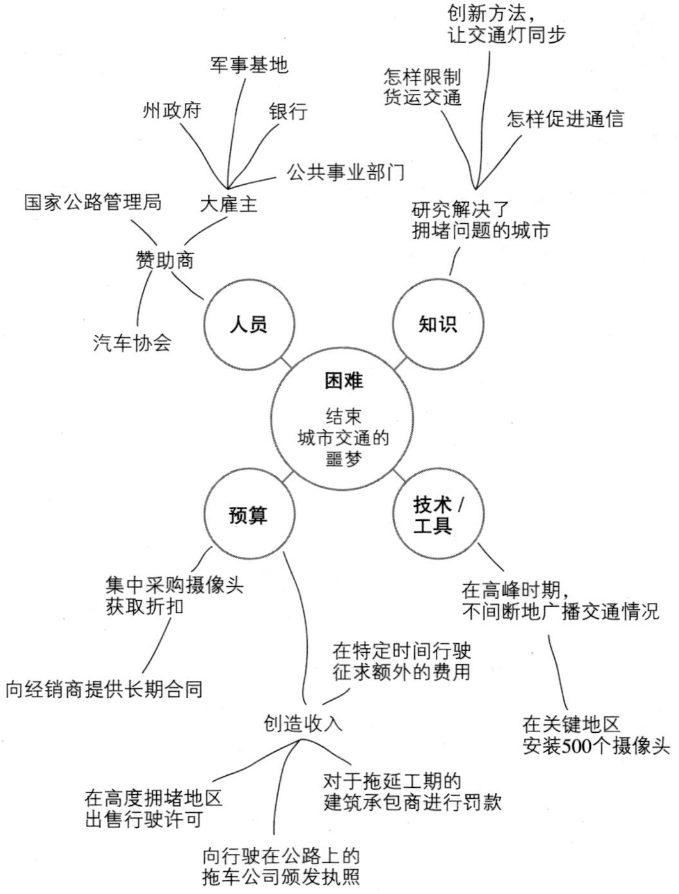

隐藏资源的问题

人员

- 谁可以帮助我们？
- 谁拥有与我们相关的利益或目标？
- 谁对于这一困难的看法与我们完全不同？
- 我们还能与谁一起头脑风暴？

预算

- 假设整个组织依靠此项目而存在，我们将怎样进行预算？
- 没有预算？没有批准？我们只是还没有找对合适的人。我们还可以找谁谈论这个问题？
- 我们需要用什么样的案例来说服别人帮助我们得到预算？
- 我们需要形成什么样的伙伴关系来得到预算？

知识

- 我们还有什么需要掌握的知识没有掌握？
- 如果我们可以向所有人询问这个问题，我们会去找谁？
- 对于这个问题，最佳、最全、最新的信息来源是什么？怎样能够获得？
- 如果这些障碍都不存在，我们怎样向前推进？

技术 / 工具

- 我们需要什么样的工具和技术？
- 我们已经拥有什么样的工具和技术？
- 如果我们可以自己选择技术，我们会使用什么？
- 谁拥有这个技术？怎样才能让他们提供给我们使用？

五分钟项目计划

目的与用途

每个经理人在项目启动时都可以使用五分钟会议计划作为工具，但这并不是项目经理使用的详细项目计划。

与你的团队一起使用五分钟项目计划，保证项目所有参与人员都具有明确的“以终为始”的目标。

使用方法

1. 确定该项目的目标，即总体的最终目标——项目的商业需要。

2. 确定该项目的预期成果，衡量项目是否成功的具体成果。

DATE

3. 确定项目对于组织的积极影响。如果你不能清楚地回答这个问题，可能就需要质疑该项目的价值。

4. 确定关键的利益相关者，即客户（内部或外部的）——项目所服务的人。他们的需求是什么，他们的最终目标是什么？

5. 确定关键因素——时间、成本、质量。例如，如果时间是关键因素，那么可能需要牺牲成本和质量满足最后期限的要求。这一决定有助于项目团队理解最终目标。

6. 确定预算和可用的资源。

DATE

五分钟项目计划

项目名称：挤压 **项目领导：诺拉·嘉丝莉**

开始日期：3月25日 **预计截至日期：6月1日**

项目的目标是什么？

开发一种方便、经济的方式，保护我们“急急忙忙”的水果生产线（桃子、梨、李子）。

项目的预期成果是什么？

1. 可降解的仪器去除水果中的“挤压因素”。
2. 将水果的上架时间延长50%。
3. 每单位基准成本的增加不超过15%。
4.
5.
6.

项目对于组织的工作重点有何积极影响？

我们的目标是能够更加方便地吃到“急急忙忙”生产的新鲜水果。

主要的利益相关者是谁？他们的需求是什么？

利益相关者	需求
顾客	没有“挤压”的新鲜水果
生产部门	到6月1日前，得到明确的生产指标说明
环境部门	可以在48小时内生物降解的容器

时间、成本、质量，哪个因素最重要？为什么？

质量是最重要的因素，因为整个项目的目的就是提高客户的体验。

预算如何？

参照研发财年预算第7条。

我们需要什么资源来完成此项目（人力、设备、材料、设施）?

两个实验科学家及工作人员

生产市场团队，进行alpha和beta试验

环境部门的顾问

研发实验室2，从3月30日至4月30日

备注

五分钟会议计划

目的与用途

五分钟会议计划帮助你确保所有的会议都具有明确的“以终为始”的目标，确保目标真正实现。

使用这个计划，在召开会议之前迅速拟出会议目标和议程。

与团队一起使用这个计划，对会议目标、议程设置、决策记录和后续任务达成共识。

使用方法

会议召开前：

1. 确定会议目标以及如何利用会议推进你的首要工作。如果你无法确定以上内容，就不要召开会议。

DATE

2. 确定你要在会议中做什么以实现这一目标。明确：这是否是一次讨论？是否有人发表演讲？我们是否要进行头脑风暴？

3. 准备会议的后勤保障。

4. 设置会议议程，确定议题、负责人，以及每个议题的时间。

会议结束后：

1. 列出作出的所有决策。

2. 问问自己是否实现了会议目标。如果没有，将在何时何处实现？

3. 确定如何跟进？哪个人负责哪个任务？截止日期是什么？

DATE

五分钟会议计划

时间和地点：笔记本电脑购买，A会议室 **日期：10月10日**

开始时间：上午9：00 **结束时间：上午12：00**

会议开始前

会议目标是什么？如何利用会议推进我们的首要工作？

确定为外勤人员集中购买笔记本电脑的具体规格。目的是提高外勤人员的效率，以保证销售的财年目标。

我们要在会议中做什么以实现目标？（讨论、演讲、示范、头脑风暴、原型设计，还是其他？）

三个笔记本电脑供应商演示。原型是确定笔记本电脑的规格。

讨论点：成本、大小、重量、内存、处理速度、电池寿命、无线功能。接下来的步骤。

我们需要什么设备或材料？

会议议程

议题	负责人	时间
供应商演示		
1	艾克姆	30分钟
2	泽勒斯	30分钟
3	奥卡瓦	30分钟
原型	萨尔	60分钟
接下来的步骤	萨伊德	30分钟

会议结束之后

- 决策：
- 成本：顶级
- 大小和重量：15英寸屏幕，不超过4.2磅
- 内存：40G 硬盘
- 处理速度不重要
- 电池寿命：标准情况至少3个小时

我们是否实现了会议目标？ ☑ 是 ☐ 否

如果没有，将在何时何处实现？

后续

任务	负责人	截止日期
询问每个供应商上述规格机器的价格	萨尔	10月15日
对可用机器进行独立研究	泰德	10月15日
调研外勤人员的偏好	纽伦	10月20日

备注

五分钟演讲计划

目的和用途

五分钟演讲计划可以保证你的演讲具有明确的目的性和针对性。

使用这个工具来计划面向观众进行正式的演讲或非正式的讨论，确保大家都清楚你的关键点。

与团队一起使用这个工具，准备集体演讲，或者告诉别人怎样做有效的演讲：

使用方法

1. 确定演讲的总体目标，即最终目标是什么？

DATE

2. 确定观众。谁会参加，他们希望从你那儿得到什么？换句话说，他们的最终目标是什么？

3. 为你的“最终目标”找出三个主要的支撑点，既可以是数据，也可以是商业案例中的理由。为什么要三个呢？因为观众很少能记住三个以上的东西，也有助你更加专注于最终目标。

4. 确定你演讲结束之后，希望观众做什么？希望他们赞成一个项目，支持一个目标，或是改变一个程序？

5. 安排后勤保障。有多少人参会，需要什么材料？

DATE

五分钟演讲计划

演讲题目：护发用品的双倍利润

地点：巴维顿会议室　　　日期和时间：6月15日，上午10：00

听众是谁？他们的需求是什么？
地区店长——他们需要展示护发用品在18个月内更显著的利润。
我们自己的业务拓展——他们需要了解我们在零售店的产品促销计划。

我演讲的总体目标是什么？
要让听众相信，我们的计划会让产品利润在他们规定的时间范围内增长100%，从而在今年将我们的产品分销量提高10%。

我的三个支撑点是什么？
1. 重新将魔法香波作为热销产品，将会使他们的利润率提高50～60个百分点。

2. 来自澳大利亚的新产品将增加30个利润点。

3. 新销售点促销将会增加15个百分点。

演讲结束之后，我希望观众做什么？
为魔法与澳大利亚产品留出一级货架空间
计划促销：广告、店铺设计等

会有多少人参会？ 25

我需要什么设备和材料?

- ☑ 讲义
- ☐ 海报和标识
- ☑ 电脑
- ☑ 投影仪
- ☑ 屏幕
- ☑ 扬声器
- ☐ 麦克风
- ☐ 其他

备注

工作指南

目的与用途

使用这个工具来记录你的关键目标，或许关键目标与你的总体团队目标是相同的。输入每周的目标有助于实现你的关键目标，然后输入实现本周目标所需要的几个任务。整个星期都应该时刻对照工作指南，以进行参考。

请你的团队成员也使用工作指南。为保持精力集中，他们也应填写自己的关键目标，每周目标和任务。

使用方法

第1步：记录你的关键目标。在可能的情况下，写出关键目标的衡量标准，截止到什么时间，从什么情况变成什么情况。

DATE

第2步：在“本周焦点”中记录推进关键目标必须实现的几个主要的目标。（从结果的角度思考，而不仅是活动。）

第3步：列出每个目标下的几个关键任务。

第4步：在本周结束的时候，评价你的表现。

DATE

工作指南
第几周：8月22日
关键目标
将达到本财年目标的销售员从5个提高到8个
将本财年整体交易量从5%提高到15%
本季度分享3个最佳实践或介绍3个最佳销售员
本周焦点 **为了推进关键目标，我必须实现哪几个主要的目标?**
☐ 选择3个很有潜力的销售员
☐ 与所有没有达到目标的销售员谈话
☐ 与Syd讨论谈话情况，作出选择
☐
☐ 通过整体促销方案
☐ 将营销的最终提案分发下去
☐ 听取来自一线的反馈
☐
☐ 设立“最佳实践分享”奖励计划
☐ 研究奖励标准
☐ 与财务一起审核标准
☐ 听取来自一线的反馈

DATE

备注

工作指南说明

第1步：记录你的关键目标。在可能的情况下，写出关键目标的衡量标准，截止到什么时间，从什么情况，变成什么情况？

第2步：在“本周焦点”中记录推进关键目标必须实现的几个主要的目标。（从结果的角度思考，而不仅仅是活动。）

第3步：列出每个目标下的几个关键任务。

第4步：在本周结束的时候，评价你的表现。

DATE

双赢绩效协议

目的与用途

双赢绩效协议是所有管理工具中最为重要的。

使用这个工具来激发团队的超强绩效。

使用双赢绩效协议来代替岗位表述，绩效评估，或者招聘协议。

使用方法

将空白的表格发给团队成员，让他们自己填写。然后与他们当面共同决定协议的具体条款，遵循以下指导方针：

1. 确定预期结果。列出你会重点关注的几个主要目标，确保这些目标明确具体。列出主要的衡量标准，以判断是否

DATE

达到了目标。（从当前结果和目标结果的角度出发）。确定截止期限和每个目标的权重。

2. 确定指导方针，必须满足的条件和标准。

3. 确定完成协议所需要的资源、人员、预算和工具。

4. 确定责任，每个人对于进展负什么责任？根据监管的需要，你们的见面可能有不同的频率。

5. 确定结果。要一直保持双赢的思维。确定各方能从协议中获得哪些具体的、可衡量的利益，以及如果协议未实现会出现什么情况？

与团队成员一起会面，介绍取得的进展。

DATE

双赢绩效协议

协议：研发董事和市场专家

目的：上市改进时间项目

时间：下三个财年

预期结果

目标	衡量标准	截止日期	权重
提高第三阶段实验能力，便于药品更早到达审批阶段	从每年15个实验增加到400个实验	从现在起1年	30%
进行一个全球性的新的药品申请，可以同时应用于所有主要市场	从3个国家到10个国家	从现在起2年之内	20%
缩短新药品审批流程	从12个月到3个月	从现在起3年	50%

指导方针

需要遵循什么主要的准则、标准、政策、程序？

产品必须以目前甚至更快的速度通过食品和药物管理局的检验。

全球的应用必须满足所有3个主要的国际监管部门的要求。

资源

有哪些可用的人员、预算和工具？

预算每年增长25%。5个全职的研究职位。食品和药物管理局最佳实践委员会的顾问支持。

责任

我们怎样得到反馈？多久一次？

半月召开一次股东会议，回顾方案原型。

结果

如果协议实现，有哪些回报？

增强战略营销活动的责任。

大约每年增加15%的利润。

如果协议未实现，有哪些后果？

在组织中更少的职业选择。

备注

反馈促进器

目的与用途

虽然许多人对反馈感到不太舒服，它却是经理人最重要的任务之一。

使用这个工具来计划如何给出有效的反馈，并记录你的反馈意见，以备未来参考。

使用方法

1. 判断谁需要反馈。

2. 判断你的动力是否有建设性。如果你的动力没有建设性，就应该推迟反馈，直到事情发生变化为止。

DATE

3. 判断你应何时给出反馈，最好是在会议上与他人一起，还是一对一？

4. 确定问题或疑虑。什么促使你给出反馈？

5. 写下你或他人观察情况的事实。

6. 详细说明问题的影响。这个人的行为怎样影响到经营业绩？如果继续这种行为，会发生什么情况？

7. 预测你的反馈会引起什么反响：这个人可能会说什么？你会听到什么异议、借口或理由？你将怎样应对？

给出反馈后，带着感知去倾听，全心全意地去倾听这个人的解释。

DATE

反馈促进器

回答下列问题，准备给出有效的反馈，无论是积极的还是消极的。

谁需要这种反馈（例如老板、团队、个人等）?
卡尔和塞西尔。

我将在何时分享这一反馈?
明天在我的办公室，一对一谈话。

问题是什么?
5月17日的庆祝活动手头没有足够的产品。

事实是什么?
西海岸的分销商200多个订单的产品缺货。Myral仓库报告那里还有提前两周的充足库存。他们说产品订单已按要求履行。

问题对结果的影响是什么?
Bergen地区报告由于没有履行订单，他们在整个假期大概丢失了150,000NOK的生意。
分销商正在考虑将更多的货架空间交给我们的竞争者。

我应该对可能引起的反响做哪些准备?
分销商没有预先给我们正确的数字。
我们将货物从Myrdal运送到西海岸的时间无法足够快。
假期货运的不可预知性。

使用该表格来记录任务项和跟踪日期

任务项	截止日期
帮助经销商更准确地计算需求量。	7月31日
寻找更灵活的方式，将产品从Myrdal运送到经销商。	7月31日
与Bergen商店重新建立关系。	立即完成

备注

卡尔和塞西尔对此非常关心，他们将带头与Bergen商店重建关系。

第三种选择搜索

目的与用途

使用第三种选择搜索，不要拘泥于“争论的两面”，找到真正有创意的解决方案来管理问题。

使用方法

1. 确定双方都认可的成功的标准。各方都“赢”的是什么？你怎样看待成功？

2. 尽早创建原型，让尽可能多的利益相关者参与进来。作为领导，最后再发表意见，以免在过程中存在偏私。原型可以是一个比例模型、文档、幻灯片介绍、商业计划或是具

DATE

体的建议。寻找相反型，非常规的、截然不同，甚至可能完全颠覆的建议。这些可能是最卓有成效的想法。

3. 创建“第三种选择”，一种好于任何原型或相反型的解决方案。你可能将几个原型或相反型的特点结合起来。

你怎么知道何时完成了第三种选择？每个人都为这个解决方案而兴奋，并且每个人都从中获益。

DATE

第三种选择搜索

问题：Danta餐馆——缩短用餐等候时间

成功的标准

- 将周末夜晚的平均等候时间从20分钟缩短到5分钟
- 餐桌和座位必须绝对清洁
- 不要让已经坐好的顾客有紧迫感
-
-

原型1 在门口设置迎宾员，让他负责点菜，将缩短在餐桌上的服务时间。	相反型1 不要迎宾员。让顾客自己找座位，用每个餐桌上的手机自己下单。
原型2 保留迎宾员负责安排座位的职责，让客人用手机下单，增加第三个收银员负责结账。	相反型2 让两个收银员中的一个去做清洁，给每个服务员配备一台手持的信用卡刷卡机。
原型3	相反型3

第三种选择

基于成功的标准，以及上述的原型和相反型，第三种选择是什么？

我们将加快下单和结账速度。客人到来时，迎宾员负责为客人点菜。

每个服务员都有一台信用卡刷卡机，可以在餐桌上使用，这样可以解放一个收银员去帮助就餐区的清洁。

备注

不断更新

目的与用途

你越了解你的团队成员，就越有可能释放他们的潜能，让他们作出越大的贡献。

使用不断更新的问题，发现每个团队成员的天赋，兴趣和能力。

你可以帮助他们不断更新——完善他们自己，提高他们做出成绩的能力。

使用方法

1. 给你的团队成员发送电子邮件。
2. 与每个人见面，总结他们的反馈。
3. 根据他们的反馈，考虑与团队成员签订双赢绩效协议。

DATE

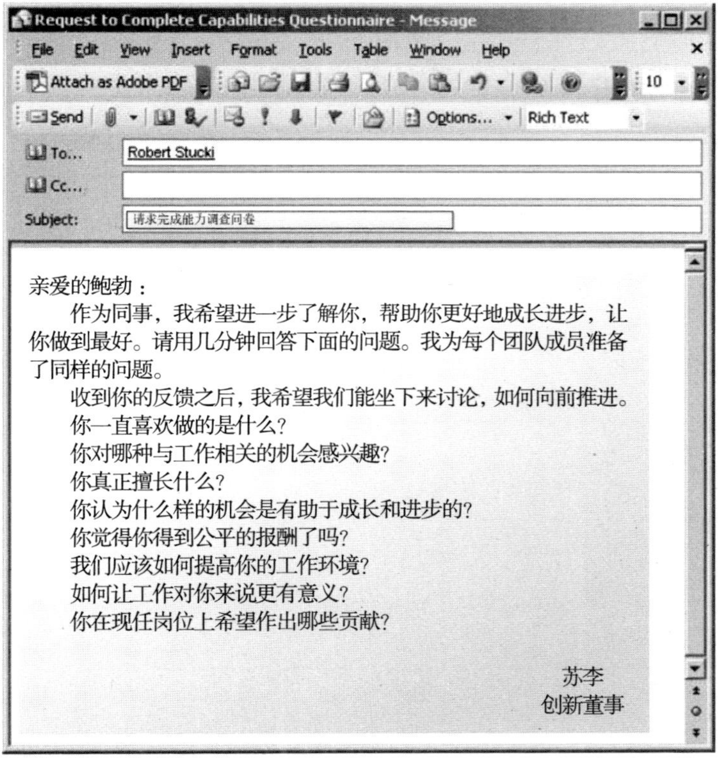
Request to Complete Capabilities Questionnaire - Message

File Edit View Insert Format Tools Table Window Help

Attach as Adobe PDF

Send Options... Rich Text

To... Robert Stucki

Cc...

Subject: 请求完成能力调查问卷

亲爱的鲍勃：

作为同事，我希望进一步了解你，帮助你更好地成长进步，让你做到最好。请用几分钟回答下面的问题。我为每个团队成员准备了同样的问题。

收到你的反馈之后，我希望我们能坐下来讨论，如何向前推进。

你一直喜欢做的是什么？

你对哪种与工作相关的机会感兴趣？

你真正擅长什么？

你认为什么样的机会是有助于成长和进步的？

你觉得你得到公平的报酬了吗？

我们应该如何提高你的工作环境？

如何让工作对你来说更有意义？

你在现任岗位上希望作出哪些贡献？

苏李
创新董事

DATE

Chapter 6

Essential Commitments for Managers

第六章

高效经理人的基本承诺

DATE

如果你能做到这五项承诺，你将会开始看到自己作为经理人高效工作的成果。完成后，请检查每个项目。

承诺 **何时**

1. 编写并分享我的使命宣言

• 我将改写、修订和完善我的使命宣言。 ____________

• 我将与我的团队成员和我的老板分享我的使命宣言。 ____________

2. 使用工作指南来保持精力集中

• 我将设计让我能够实现个人贡献的关键目标。 ____________

• 我将使用工作指南至少三个星期。 ____________

3. 制定双赢绩效协议

• 我将与一个关键的团队成员达成双赢绩效协议。 ____________

DATE

承诺	何时
4. 给出有效的反馈	
• 我将使用反馈技巧至少给一个同事作出诚实准确的反馈。	______
5. 询问我的团队不断更新的问题	
• 我会询问我的团队成员不断更新的问题，并与他们单独讨论他们对这些问题的反馈。	______

DATE

Note Date

FranklinCovey

品 牌 故 事

三十多年前，当史蒂芬·R. 柯维（Stephen R. Covey）和希鲁姆·W. 史密斯（Hyrum W. Smith）在各自领域开展研究以帮助个人和组织提升绩效时，他们都注意到一个核心问题——人的因素。专研领导力发展的柯维博士发现，志向远大的个人往往违背其渴望成功所依托的根本性原则，却期望改变环境、结果或合作伙伴，而非改变自我。专研生产力的希鲁姆先生发现，制订重要目标时，人们对实现目标所需的原则、专业知识、流程和工具所知甚少。

柯维博士和希鲁姆先生都意识到，解决问题的根源在于帮助人们改变行为模式。经过多年的测试、研究和经验积累，他们同时发现，持续性的行为变革不仅仅需要培训内容，还需要个人和组织采取全新的思维方式，掌握和实践更好的全新行为模式，直至习惯养成为止。柯维博士在其经典著作《高效能人士的七个习惯》中公布了其研究结果，该书现已成为世界上最具影响力的图书之一。 在富兰克林规划系统（Franklin Planning System）的基础上，希鲁姆先生创建了一种基于结果的规划方法，该方法风靡全球，并从根本上改变了个人和组织增加生产力的方式。他们还分别创建了「柯维领导力中心」和「Franklin Quest公司」，旨在扩大其全球影响力。1997年，上述两个组织合并，由此诞生了如今的富兰克林柯维公司（FranklinCovey, NYSE: FC）。

如今，富兰克林柯维公司已成为全球值得信赖的领导力公司，帮助组织提升绩效的前沿领导者。富兰克林柯维与您合作，在影响组织持续成功的四个关键领域（领导力、个人效能、文化和业务成果）中实现大规模的行为改变。我们结合基于数十年研发的强大内容、专家顾问和讲师，以及支持和强化能够持续发生行为改变的创新技术来实现这一目标。我们独特的方法始于人类效能的永恒原则。通过与我们合作，您将为组织中每个地区、每个层级的员工提供他们所需的思维方式、技能和工具，辅导他们完成影响之旅——一次变革性的学习体验。我们提供达成突破性成果的公式——内容+人+技术——富兰克林柯维完美整合了这三个方面，帮助领导者和团队达到新的绩效水平并更好地协同工作，从而带来卓越的业务成果。

富兰克林柯维公司足迹遍布全球160多个国家，拥有超过2000名员工，超过10万个企业内部认证讲师，共同致力于同一个使命：帮助世界各地的员工和组织成就卓越。本着坚定不移的原则，基于业已验证的实践基础，我们为客户提供知识、工具、方法、培训和思维领导力。富兰克林柯维公司每年服务超过15000家客户，包括90%的财富100强公司、75%以上的财富500强公司，以及数千家中小型企业和诸多政府机构和教育机构。

富兰克林柯维公司的备受赞誉的知识体系和学习经验充分体现在一系列的培训咨询产品中，并且可以根据组织和个人的需求定制。富兰克林柯维公司拥有经验丰富的顾问和讲师团队，能够将我们的产品内容和服务定制化，以多元化的交付方式满足您的人才、文化及业务需求。

富兰克林柯维公司自1996年进入中国，目前在北京、上海、广州、深圳设有分公司。

www.franklincovey.com.cn

更多详细信息请联系我们：

北京 朝阳区光华路1号北京嘉里中心写字楼南楼24层2418&2430室
电话：(8610) 8529 6928　邮箱：marketingbj@franklincoveychina.cn

上海 黄浦区淮海中路381号上海中环广场28楼2825室
电话：(8621) 6391 5888　邮箱：marketingsh@franklincoveychina.cn

广州 天河区华夏路26号雅居乐中心31楼F08室
电话：(8620) 8558 1860　邮箱：marketinggz@franklincoveychina.cn

深圳 福田区福华三路与金田路交汇处鼎和大厦21层C02室
电话：(86755) 8337 3806　邮箱：marketingsz@franklincoveychina.cn

柯维公众号

柯维视频号

柯维+

富兰克林柯维中国数字化解决方案：

「柯维+」（Coveyplus）是富兰克林柯维中国公司从2020年开始投资开发的数字化内容和学习管理平台，面向企业客户，以音频、视频和文字的形式传播富兰克林柯维独家版权的原创精品内容，覆盖富兰克林柯维公司全系列产品内容。

「柯维+」数字化内容的交付轻盈便捷，让客户能够用有限的预算将知识普及到最大的范围，是一种借助数字技术创造的高性价比交付方式。

如果您有兴趣评估「柯维+」的适用性，请添加微信coveyplus，联系柯维数字化学习团队的专员以获得体验账号。

富兰克林柯维公司在中国提供的解决方案包括：

I. 领导力发展：

高效能人士的七个习惯®（标准版） The 7 Habits of Highly Effective People®	THE 7 HABITS of Highly Effective People® SIGNATURE EDITION 4.0	提高个体的生产力及影响力，培养更加高效且有责任感的成年人。
高效能人士的七个习惯®（基础版） The 7 Habits of Highly Effective People® Foundations	THE 7 HABITS of Highly Effective People® FOUNDATIONS	提高整体员工效能及个人成长以走向更加成熟和高绩效表现。
高效能经理的七个习惯® The 7 Habits® for Manager	THE 7 HABITS FOR Managers ESSENTIAL SKILLS AND TOOLS FOR LEADING TEAMS	领导团队与他人一起实现可持续成果的基本技能和工具。
领导者实践七个习惯® The 7 Habits® Leader Implementation	THE 7 HABITS Leader Implementation COACHING YOUR TEAM TO HIGHER PERFORMANCE	基于七个习惯的理论工具辅导团队成员实现高绩效表现。
卓越领导4大天职™ The 4 Essential Roles of Leadership™	The 4 Essential Roles of LEADERSHIP™	卓越的领导者有意识地领导自己和团队与这些角色保持一致。
领导团队6关键™ The 6 Critical Practices for Leading a Team™	THE 6 CRIRICAL PRACTICES FOR LEADING A TEAM™	提供有效领导他人的关键角色所需的思维方式、技能和工具。
乘法领导者® Multipliers®	LIZ WISEMAN'S MULTIPLIERS® HOW THE BEST LEADERS IGNITE EVERYONE'S INTELLIGENCE	卓越的领导者需要激发每一个人的智慧以取得优秀的绩效结果。
无意识偏见™ Unconscious Bias™	UNCONSCIOUS BIAS™	帮助领导者和团队成员解决无意识偏见从而提高组织的绩效。
找到原因™：成功创新的关键 Find Out Why™: The Key to Successful Innovation	Find Out WHY™ THE KEY TO SUCCESSFUL INNOVATION	深入了解客户所期望的体验，利用这些知识来推动成功的创新。
变革管理™ Change Management™	CHANGE How to Turn Uncertainty Into Opportunity™	学习可预测的变化模式并驾驭它以便有意识地确定如何前进。

培养商业敏感度™ Building Business Acumen™	Building Business Acumen™	提升员工专业化，看到组织运作方式和他们如何影响最终盈利。

II. 战略共识落地：

高效执行四原则® The 4 Disciplines of Execution®	4DX The 4 Disciplines of Execution	为组织和领导者提供创建高绩效文化及战略目标落地的系统。

III. 个人效能精进：

激发个人效能的五个选择® The 5 Choices to Extraordinary Productivity®	THE 5 CHOICES® to extraordinary productivity	将原则与神经科学相结合，更好地管理决策力、专注力和精力。
项目管理精华™ Project Management Essentials for the Unofficial Project Manager™	PROJECT MANAGEMENT ESSENTIALS™ For the *Unofficial* Project Manager	项目管理协会与富兰克林柯维联合研发以成功完成每类项目。
高级商务演示® Presentation Advantage®	Presentation Advantage® TOOLS FOR HIGHLY EFFECTIVE COMMUNICATION	学习科学演讲技能以便在知识时代更好地影响和说服他人。
高级商务写作® Writing Advantage®	Writing Advantage® TOOLS FOR HIGHLY EFFECTIVE COMMUNICATION	专业技能提高生产力，促进解决问题，减少沟通失败，建立信誉。
高级商务会议® Meeting Advantage®	Meeting Advantage® TOOLS FOR HIGHLY EFFECTIVE COMMUNICATION	高效会议促使参与者投入、负责并有助于提高人际技能和产能。

IV. 信任：

信任的速度™（经理版） Leading at the Speed of Trust™	Leading at the SPEED OF TRUST™	引领团队充满活力和参与度，更有效地协作以取得可持续成果。
信任的速度®(基础版) Speed of Trust®: Foundations	SPEED OF TRUST® FOUNDATIONS	建立信任是一项可学习的技能以提升沟通，创造力和参与度。

V. 顾问式销售：

帮助客户成功® Helping Clients Succeed®	HELPING CLIENTS SUCCEED®	运用世界顶级的思维方式和技能来完成更多的有效销售。

VI. 客户忠诚度：

引领客户忠诚度™ Leading Customer Loyalty™	LEADING CUSTOMER LOYALTY™	学习如何自下而上地引领员工和客户成为组织的衷心推动者。